KB252555

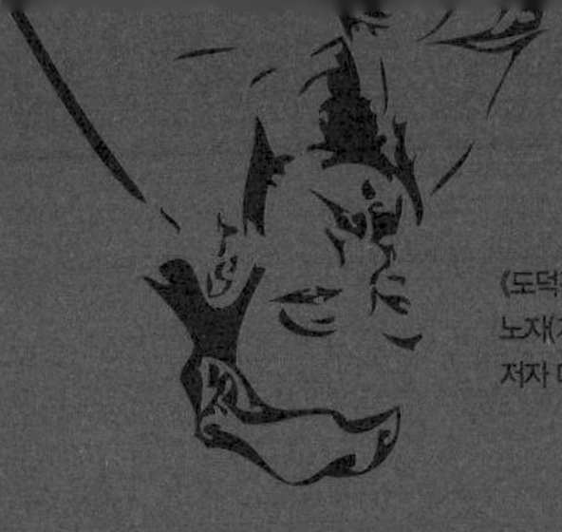

〈도덕경〉
노자(기원전 570~479 추정)의 어록,
저자 미상.

〈논어〉
공자(BC 551~479)의 어록,
공자의 제자들 지음.

〈맹자〉
맹자(기원전 372~289 경)의 어록,
맹자 지음.

〈장자〉
장자(기원전 369~286 추정)의 어록,
장자 지음.

서른 살
공맹노장이
답이다

서른 살 공맹노장이 답이다

명로진 지음

엑스오북스

동양고전에서
세상 사는 법을 배우다

왜 고전을 읽어야 할까? 고전은 책 중의 책이요, 독서의 기본이다. 다른 책들을 읽기 전에 고전을 읽어야 하는 이유는 피아노를 치기 위해 바이엘을 배워야 하는 것과 같다. 연주의 기본을 탄탄히 연마한 사람만이 피아노를 제대로 치고 또 즐길 수 있다.

그렇다고 고전을 읽으면 삶의 에너지를 얻게 될까? 고전을 파고들면 부자가 되고 훌륭한 사람이 될 수 있을까? 정말 마음의 상처가 치유될까? 자기 계발서들이 주장하듯 어떤 행위 하나로 인생의 모든 문제가 해결될 수 있을까?

내가 아는 어떤 서른 살 독자는 고전 읽기를 통해 삶의 고통에서 심지어 실연의 상처에서도 벗어날 수 있었다고 고백했다. 그녀는 이렇게 말했다.

"그 상처가 어떻게 치유되었는지는 중요하지 않아요. 분명 나는 또다른 상처를 안게 될 테니까요. 많은 건 아니지만, 몇 권의 고전을 읽고 깨달은 사실이 있어요. 인생의 오류는 한 번에 고쳐지지 않으며 다만 우리는 애쓸 뿐이라는 것이에요. 고전을 붙들고 제 삶을 버텨보려고요."

그녀는 고전 읽기를 삶에 제대로 적용한 것 같다.

고전은 우리에게 이런 말을 한다. 행복은 뭔가를 얻겠다는 목적 그 뒤에 있는 것이 아니라 목적 앞에 있다. 단숨에 뭔가를 얻으려 하지 말고 얻으려 하는 행위 자체를 즐겨라. 언제나 혼자 살아가는 것이 아니라는 것을 기억하라.

물론 고전 읽기는 생각만큼 쉽지 않다. 때로는 가이드가 필요하다. 나 역시도 혼자서 책을 읽는 것이 힘에 부쳐 선후배를 끌어 모아 '고전반'을 만들었다. 고전을 너무 어렵다고 생각하는 사람들과 고전이 가진 마력과 깊이를 함께 나누고 싶어서였다.

우리는 그렇게 매주 한 번 씩 모여 동서양 고전을 읽기 시작했다. 고전은 중독성이 있다. 한 번이라도 제대로 읽기 시작하면 헤어나질 못한다. 고전 속의 문구 하나를 놓고 밤늦도록 이야기를 나누게 된다. 고전을 함께 읽은 친구들 중에는 20대의 학생과 30대의 직장인도 있었다.

이 책은 그들과 나눈 이야기를 기초로, 21세기를 사는 한국의 젊은 이들에게 들려 주고 싶은 이야기를 쓴 것이다. 수강생들의 의견을 모아서 그동안 읽었던 고전 중에 동양을 대표하는 여섯 권의 책을 추렸다. 『논어』『맹자』『도덕경』『장자』『사기 열전』『열국지』다.

이 책들은 동양 사상의 핵심 중 핵심이다. 공맹노장이 교과서라면 『사기 열전』과 『열국지』는 참고서와 같다. 공맹노장을 이해하기 위해서는 그 역사적 배경이 되는 두 책을 필수적으로 읽어야 한다. 이렇게 중요한 고전의 내용 중에 저자와 20대 애독자들에게 특히 강한 인상을 남겼던 원문만 모아 봤다. 거기에 저자 나름대로 해설을 붙여 봤는데 해설은 고전을 읽는 젊은 독자를 염두에 두고 썼다.

고전에 대한 책이 범람하는 요즘이다. 어떤 책들은 고전을 읽는 방법에 대해 알려주고 어떤 책들은 고전을 참고서처럼 요약 정리해 놓고 있다. 그런데 정작 고전에 어떤 문장들이 있는지, 그 원문들이 어떤 의미를 갖는지 알려주는 책은 많지 않다. 그래서 나는 오늘에도 살려 쓸 고전 속의 원문을, 위험을 무릅쓰고 추리고 추려 독자 앞에 차려 놓았다. 골고루 맛있게 먹고서 삶의 에너지로 만들자는 뜻에서다.

모든 고전은 해석하는 자의 것이다. 논어는 공자와 제자들의 것이 아니라 그것을 읽는 21세기 현대인의 것이다. 고전은 과거를 위한 것이 아니라 현재를 위한 것이다. 나아가 미래를 예측하기 위한 것인데, 그 예측은 다시 현재를 행복하게 만들기 위해 존재한다.

인간은 이미지를 언어라는 개념으로 이해하는 유일한 동물이다. 그 언어의 유산은 인간의 역사와 함께 해 왔다. 시대가 이미지와 기술로 치달을수록 문자로만 이루어진 고전이 귀한 이유는, 고전에 여전히 인류의 지혜가 숨어 있기 때문이며 사람들이 점점 더 읽지 않기 때문이다. 지혜를 찾으려는 소수의 사람들만이 고전을 읽고 있는데, 결국 그들이 미래를 이끌어 가게 될 것이라고 믿는다.

젊은 그대가 이 책을 읽고 많이 웃기를 바란다. 청춘이라는 것만으로도 빛나는 그대가 만약 웃는다면 더욱 빛이 나게 될 텐데 그 빛 속에 인류의 지혜는 이어져 갈 것이므로.

2013년 꽃 피는 안산을 바라보며

명로진

도덕경

장자

사기 열전

열국지

일러두기

- 고전 원문은 저자가 다양한 문헌들을 참고해서 의역했다. 다만 한 사람의 해석을 그대로 옮겼을 때는 원문 다음에 (오강남)과 같이 표기했다.
- 『논어』 『맹자』 『도덕경』 『장자』 『사기 열전』의 장에서는 원문의 한 두 문장만으로도 우리에게 큰 울림을 주어서 중간중간에 따로 핵심 문장들을 뽑아 실었다.
- 『열국지』는 앞장의 핵심 문장 대신 본문과 관련된 고사성어를 골라 그 유래와 뜻을 실었다.

논

어

공자(BC 551~479)의 어록, 공자의 제자들 지음.

재미있는 사람
공자

선생님은 다른 사람들과 노래 부르는 걸 즐겼다. 누군가 노래
를 불렀을 때 잘하면 반드시 "앵콜!" 하시고 다시 한 번 부르
게 하셨다. 그렇게 같이 부르시고는 선생님도 일어서서 노래를
한 곡 더 하셨다.

논어 〈술이〉편에 나오는 내용이다. 여기서 선생님은 공자다. 이런
구절이 진짜 있냐고? 있다. 원문은 다음과 같다.

자여인가이선 필사반지 이후화지
子與人歌而善 必使反之 而後和之

여기서 자子는 공자님, 여인가與人歌는 '다른 사람과 함께 노래한다'

는 뜻이다. 이선而善은 '그런데 노래를 잘하면'이란 뜻이고 필사반지必使反之는 '반드시 그 노래를 다시 부르게 하셨다', 이후화지而後和之는 '그리고 나서 화답했다'란 뜻이다.

한자 풀이를 보고 지레 걱정할 필요는 없다. 논어를 이런 식으로 계속 설명할 생각은 없다. 내가 하고 싶은 말은 이렇게 흥미로운 내용이 논어 곳곳에 보인다는 거다.

자로와 증점과 염유와 공서화가 선생님을 모시고 앉아 있었다. 증점이 비파를 뜯기 시작했다. 잠시 연주를 듣고 있던 선생님께서 말씀하셨다.

"너희들은 여기서 나가면 뭘 하고 싶니?"

자로가 불쑥 나서며 말했다.

"큰 나라에 가서 정치를 하고 싶습니다."

선생님께서 빙그레 웃으셨다.

"염유야! 너는 어떻게 하겠니?"

"저는 작은 도읍을 맡아 다스리고 싶습니다."

"공서화야! 너는?"

"저는 외교관이 되고 싶습니다."

"점아! 너는 어때?"

증점은 선생님의 질문을 받자 비파를 크게 한 번 튕기고는 밀쳐냈다.

"제 생각은 세 사람과 다릅니다."

"뭐 어때? 자기가 하고 싶은 걸 말하는 건데."

서른 살 공맹노장이 답이다

논어 〈선진〉 편에 나오는 대목이다. 공자의 유쾌한 단면을 엿볼 수 있다. 생각했던 것보다 훨씬 여유 있고 유머 있는 사람 아닌가? 실제로 논어를 읽어 보면, 공자가 굉장히 넉넉하고 자유로운 사람이었다는 걸 알게 된다. 제자들과 농담도 잘했고, 웃기도 잘했으며 감수성도 예민했다.

그런데 왜 우리는 공자가 그렇게 재미있는 사람이란 걸 모르고 있었을까? 그건 그동안 논어를 해석한 사람들이 공자를 '심하게' 존경한 나머지 근엄한 선생님으로만 묘사했기 때문이다.

마지막 구절 "너 갈 때 나도 꼭 불러라"만 해도 그렇다. 논어 관련 서들은 "내 뜻도 점과 같다" "나는 증점과 생각이 같다" "나는 점을 허여하노라"처럼 번역해 놨다. 과연 공자가 증점의 말을 듣고 "나는 점을 허여하노라"라고 대답했을까?

이 대목을 영화나 드라마로 만든다면 분명 공자는 증점의 대답에 놀라 "야~, 점아! 너 어떻게 그런 생각을 다 했니? 너 갈 때 나도 같이 가자꾸나"라고 할 거다. 그래야 공자라는 캐릭터가 살아난다. 공자도 살과 뼈가 있는 사람이었고, 웃고 울 줄 아는 존재였기 때문이다. 한 대목만 더 예로 들어 보자.

✿

공자가 제자 자공에게 물었다.

"너와 안회 중에 누가 더 나은 것 같으냐?"

자공이 대답했다.

"제가 감히 안회를 따라갈 수 있나요? 안회는 하나를 들으면 열을 알지만 저는 겨우 두어 개 알 뿐인데요."

그러자 공자가 말했다.

"그래. 넌 죽어도 안회 못 따라간다."

공자가 이렇게 말한 뒤 가다 말고 돌아보니 자공이 얼빠진 듯 서 있었다. '아무리 내가 모자라도 그렇지. 대놓고 그렇게 말씀하시다니.' 이렇게 생각하는 것 같았다. 공자는 아차 싶어 이렇게 덧붙였다.

"아, 자공아. 사실 나도 안회 못 따라간다. 걔는 나보다 더 훌륭한 인물이 될 거야."

이 대목은 내 나름의 방식으로 해석한 것이다. 사실 배경을 조금 알고 상상력을 살짝만 덧붙이면 논어는 재미있고 드라마틱하다.

논어는 우리가 살면서 지나치기 쉬운 근본적인 것들, 당연한 것들, 그래야만 하는 것들에 대해 이야기한다. 이를 테면 이런 것들이다.

"인이란 다른 사람을 사랑하는 것이다."

"예란 다른 사람을 배려하는 것이다."

"내 일생은 충실과 용서라는 말로 대변할 수 있다."

"평생 지켜야할 한 가지를 알려 달라고? 자신이 하기 싫은 일을

서른 살 공맹노장이 답이다

논어에서 한 문단을 고르라고 한다면 나는 아래 구절을 선택할 거다.

"집에서는 부모님께 효도하고, 밖에 나가면 어른을 공경해라.
행동을 조심조심 하고, 약속을 잘 지켜라. 사람을 사랑하고 어
린 아이들을 잘 보살펴라. 이런 일을 먼저 실천해라. 그러고 나
서도 시간이 남을 때 공부해라."　　　　　　　　　　〈위정〉

공자는 공부의 중요성을 무척이나 강조했다. 그럼에도 인생에서 우
리가 해야 할 일 가운데 가장 아래쪽에 뒀다. 먼저 부모님께 효도부터 하
고 이것저것 다 한 다음에 공부해도 된다는 거다. 그 일들을 하느라 시
간이 없으면, 공부는 하지 않아도 된다는 식이다. 제 아무리 학벌 좋고
돈이 많아도 인간이 안 되어 있으면 말짱 꽝이란 얘기다. 서울대 아니라
하버드대 박사학위를 받았어도 불효하고 불손하고 경박하고 약속 어기
고 사람들과 잘 지내지 않으면 아무것도 아니라는 말씀이다.

공자의 이름은 구丘, 자字는 중니仲尼다. 중국의 산동성 취푸曲阜 동
남쪽에서 기원전 551년 태어났다. 석가모니보다 12년 뒤에 출생한 셈
이다. 서양에서는 피타고라스 정리가 발견된 때이기도 하다.
　스스로 밝혔듯이 공자의 출신은 비천했다. 하급 무사였던 아버지
는 세살 때 세상을 떴다. 어머니는 남의 집 제사나 경조사를 도와주며
공자를 길렀는데 정실부인이 아니어서 공자는 아버지의 제사에도 끼

지 못했다.

공자는 장차 무사가 될 것인가, 장사를 할 것인가, 아니면 공부를 할 것인가 고민하다 열다섯 살이 되자 공부를 하기로 결심한다. 그때부터 그는 책을 묶은 가죽 끈이 닳아 없어지도록 읽고 또 읽는다. 서른이 될 무렵 공자는 학문으로는 따라올 사람이 없을 정도가 된다. 공자는 공부 하나로 승부한 사람이었다.

공자는 언제나 현실적인 문제, 특히 인간관계에 관심을 보였기 때문에 다른 성자들과 비교된다. 그러나 현실적이기 때문에 인간적이고 인간적이기 때문에 더 친근하다. 그런 그의 정신세계가 논어에 생생하게 담겨 있다.

논어는 공자의 언행을 20편의 책에 담은 것인데 본문 중에서 함께 생각해보면 좋을 몇 개의 문장을 골라 얘기하려고 한다. '공자가 이런 말도 했어?'라는 느낌을 주는 구절도 담았다.

 번지가 물었다.
"선생님, 인이 뭡니까?"
공자께서 대답했다.
"사람을 사랑하는 것이다."
"그럼, 슬기롭다는 건 어떤 겁니까?"
"사람을 알아보는 것이다."　　　　　〈안연〉

서른 살 공맹노장이 답이다

인생에서
가장 훌륭한 투자는

❋

논어의 첫 문장 '학이시습學而時習'은 공자의 인생관을 한 마디로 요약해 준다. 수많은 책들은 이 구절을 '배우고 때로 익힌다' '배우고 때로 연습한다' 등으로 해석한다. 반면 정약용은 '배우고 때로 실천한다'로 번역했다. 역시 실사구시를 추구하는 선생다운 해석이다. 배우고 나서 실천하지 않으면 소용없을 테니까.

앞에서 말했듯이 공자는 15세 이후로 공부 하나에 뜻을 두고 평생을 학이시습하며 살았다. 학이시습 즉, 배우고 때에 따라 익히는 것, 이론을 먼저 배우고 때에 따라 실습 또는 실천하는 것. 이것이 공자의 인생이었다.

❋

공자는 공부의 기쁨, 발견의 환희, 깨달음의 희열을 알고 있었다. 그래서 제자들과 후세 사람들이 그걸 알기를 바랐다. 공자의 언행을 기록한 논어 첫머리에 제자들이 이 구절을 넣은 것도 그 때문이다.

이시형 박사는 『공부하는 독종이 살아남는다』란 책에서 "공부만한 투자처는 없다"고 말한다. 밑천 들 게 거의 없는데도 수익이 되어 돌아오는, 거의 유일한 투자처가 공부라는 거다. 다만 공부한 대가는 당장 눈에 보이는 게 아니다. 시간이 지나 천천히 돌아온다. 공자가 그 기나긴 시간이 흘러 지금까지 우리 곁에 살아있는 것도 공부 덕분이지 않은가.

이제 두 번째 문장 '벗이 있어 먼 곳으로부터 찾아오면 기쁘지 않은가?'를 보자. 이건 간단히 말해 인간관계를 말하는 거다. 공자는 무엇보다 사람과 사람 사이의 관계를 중요하게 여겼다. 인간은 누구나 임금과 신하, 부모와 자식, 남편과 아내, 형제와 친구, 상사와 부하란 관계에서 한시도 벗어날 수 없어서다.

그중 첫 머리에 친구 이야기가 등장한다. 그런데 그 친구가 하필 '먼 곳으로부터' 찾아온다. 왜 그럴까? 혹시 공자가 살던 시대 사정 때문이 아닐까? 아닌 게 아니라 공자가 활동했던 기원전 6세기경에는 수많은 나라들이 치열하게 경쟁하느라 전쟁이 잦았다. 같은 선생 아래서 배우던 친구들도 이 나라 저 나라로 왔다갔다 하면서 관직을 맡았고, 전쟁에도 참여했다. 하루하루가 불안한 상황에서 어느 날 친구가 갑자기 찾아오니 어찌 반갑지 않았겠는가? 세상을 경영하느라 생존 경쟁에서 살아남느라 오래 못 만난 벗들은 술잔을 기울이며 새삼 우정을 다졌을 것이다.

세 번째 문장이 좀 만만찮다. '남들이 알아주지 않아도 원망하지 않

서른 살 공맹노장이 답이다

으면 군자라 할 수 있지 않겠는가'. 이 문장에는 사실 공자의 아픔이 배어있다. 공자는 노나라에서 지금의 법무장관쯤 되는 '사구'라는 관직을 잠시 맡았지만 평생을 떠돌아다녔다. 공자는 제후들을 만나 "몇 년 안에 옛 주나라처럼 올바른 나라로 만들 자신이 있다"고 말했다. 하지만 정치인으로서 자신의 뜻을 펼치고 싶어 했던 공자는 중용되지 않았다. 공자라고 왜 속이 상하지 않고, 왜 힘들지 않았겠는가. 그러다 얻은 결론이 "남들이 알아주지 않아도 원망하지 말자!" 아니었을까. 물론 이 문장을 주희식으로 해석할 수도 있다. "마음이 넓은 사람은 다른 사람이 인정하든 말든 얽매이지 않는다." 하지만 나는 한숨을 내쉬며 조용히 자신을 추스르는 인간적 공자의 모습에 한 표 던지고 싶다.

 "배울 때는 다 배우지 못하면 어쩌나 하는 마음으로 서둘러 하고, 이미 배워 안 것은 잃지 않을까 두려워하며 간직해야 한다." 〈태백〉

어떻게 하면
지혜로워지는가

공자께서 말씀하셨다.

"자로야! 너에게 안다는 것이 무엇인지 가르쳐주마. 아는 것을
안다고 하고 모르는 것을 모른다고 하는 것. 이것이 아는 것이
다." 〈위정〉

나는 무엇을 아는가? 이 물음은 중요하다. 하지만 그보다 더 중요
한 게 있다. 내가 아는 것이 무엇이고 알지 못하는 것이 무엇인가다. 이
두 가지를 구분하는 것도 물론 중요하지만 더 중요한 게 있다. 아는 것
은 안다고 말하고, 모르는 것은 모른다고 인정하는 것이다. 이게 진짜
중요하다.

독일의 물리학자 막스 플랑크1858~1947가 뮌헨대학에 입학했을 때
였다. 그의 스승 필리프 욜리가 그에게 과학을 전공하지 말라고 권유했
다. 과학 분야에서는 더 이상 발견될 게 없다는 게 이유였다. 당시의 과
학자들 사이에는 인류가 무지를 거의 극복했다는 인식이 팽배해 있었

다. 하지만 막스 플랑크는 이렇게 대답했다.

"저는 뭔가를 새로 발견하려는 게 아닙니다. 그저 지금까지 알려진 것도 잘 이해되지 않아서 그걸 좀 더 연구하려고요."

그는 과학지식을 확장하기보다는 '우리는 얼마나 무지한가'를 밝히려고 했다. 막스 플랑크는 자신이 뭔가를 모른다는 사실을 직시하고 있었던 것이다.

당시 과학자들을 괴롭히던 문제 중 하나는 '물체의 온도에 따라 그 물체가 내는 빛의 색깔이 왜 달라지는가'였다. 플랑크는 '흑체 복사론'이라는 법칙을 가설로 내세우면서 '빛 에너지는 불연속적인 값을 갖는다'는 혁명적인 이론을 내놓았다. 이 이론은 양자量子론으로 대변되는 현대물리학의 출발점이 되었다.

여기서 플랑크의 이론이나 양자론에 대해 설명하려는 것이 아니다. 나 역시 잘 이해하지 못하기 때문이다(공자님 말씀처럼 모르는 것을 모른다고 말하는 거다). 다만 그의 이론이 또 한 사람의 위대한 물리학자에게 전해져 과학사의 새로운 장을 열었다는 사실을 말하려는 것이다. 그 물리학자는 바로 아인슈타인이다. 아인슈타인은 플랑크의 양자론을 계승해 상대성 이론을 완성했다.

그런 점에서 20세기의 물리학은, 무엇을 알고 무엇을 모르는지 알았던 플랑크로부터 시작됐다고 해도 과언이 아니다. 플랑크의 선생 욜리는 모르는 게 없다고 생각했고 플랑크는 여전히 모르는 게 있다고 생각했다. 그 차이 때문에 욜리는 물리학사에서 곧 망각되었고 플랑크는 큰 획을 긋는 업적을 남긴 거다. 플랑크의 미덕은 대물림되었는지 아인슈타인도 이렇게 말했다. "당신의 무지를 절대 과소평가하지 말라."

❀

얼마 전 도쿄에 갔을 때다. 1951년부터 양갱만 만들었다는 오자사 양갱 가게에 들렀다. 한 평이 될까 말까 한 가게 앞에는 수십 명이 줄을 서서 기다리고 있었다. 양갱과 모나카를 사기 위해서였다. 오자사의 양갱은 일본 최고의 양갱으로 알려져 있다. 매일 150개의 양갱만 파는데 제조 과정에서 조금이라도 이상한 점이 발견되면 그날 판매 분량은 전량 수거한다. 최고의 팥을 고르기 위해 수천, 수만 개의 팥알을 골라내는데 조금이라도 흠이 있는 것은 버린다고 한다.

가게에서 60년 동안 양갱을 팔아 온 이나가키 아츠코 사장(80)은 이렇게 말했다.

"고등학교 졸업하고 하루도 쉬지 않고 양갱을 만들어 왔습니다만 아직도 저는 양갱을 잘 모릅니다."

60년 동안 양갱만 만들어왔다는 최고의 전문가가 양갱을 모른다? 일본 아니 세계를 통틀어 아츠코 씨만큼 양갱을 잘 아는 사람도 드물 텐데 말이다. 왜 최고의 전문가들은 이렇게 모른다고 하는 것일까?

과학자 리처드 파인만의 말처럼 "만약 우리가 더 이상 의심하지 않거나 무지함을 인정하지 않는다면, 우리는 결코 어떤 새로운 아이디어도 얻을 수 없을 것"이기 때문이다. 무지를 깨닫는 것은 우리가 갖고 있는 인식의 틀, 편견을 깨는 일이다. 철저하게 자기를 부정하고 자기를 객관적으로 바라볼 때 세상이, 인간이, 삶이 온전하게 보인다.

그래서 공자는 "아는 것을 안다고 하고, 모르는 것을 모른다고 하는 것"이 진짜 아는 것이라고 말했다. 미국의 사회학자 브린 브라운은 "용기란 마음속에 있는 것을 솔직하게 말하는 것"이라고 풀이한다. 모르는 게 있을 때 솔직하게 "모른다"고 말하고, 알고 있을 때 "안다"고 말하는

서른 살 공맹노장이 답이다

게 곧 용기이고 진짜로 아는 것이다.

그러므로 솔직하게 말하자. 모르면 모른다고. 나 자신에게도. 그걸 인정하고 나야 모르는 것을 얻을 수 있다. 알고 있는 것과 모르는 것을 잘 구분하고, 부족한 게 뭔지 진단할 수 있어야 그것을 극복할 수 있다

 "내가 아는 것이 있겠는가? 잘 모른다. 다만 배운 것이 없는 사람이 뭘 물어 오면 최선을 다해 내가 아는 것을 다 살펴 말해 주려 할 뿐이다." 〈자한〉

예의란
무엇인가

❀

공자께서 태묘에 들어가시어 제사 지낼 때 일일이 물어 보셨다.

그 모습을 보고 어떤 사람이 말했다.

"누가 저 추 땅의 젊은이가 예를 안다고 했는가? 태묘에 들어와

모든 일을 묻고 있으니."

공자께서 이 말을 나중에 전해 듣고 말씀하셨다.

"그것이 바로 예다." 〈팔일〉

태묘는 노나라의 시조인 주공단을 모시는 사당이다. 이곳에서 매년 지내는 제사는 노나라의 중요한 행사였다. 어느 해엔가 제사를 주관하는 사람이 병이 들었다. 공자의 제자 자로가 "우리 선생님이 제사 절차와 예의범절의 전문가이십니다"라며 공자를 추천했다. 이때는 공자와 자로 모두 30대의 젊은이였다.

공자가 누구인가? 예의 화신이다. 그는 다섯 살 때부터 제사 용기를 갖고 놀았다. 중국의 전통적인 제사 절차에 대해 훤히 알고 있는 사람이었다. 그런 그가 태묘에 제사를 지내러 가서는 그곳 실무진에게 일

❀

일이 묻고 다녔다.

"이 그릇은 여기 놓는 게 맞죠?"

"홍동백서紅東白西 인가요, 홍서백동인가요?"

"절은 두 번 반 하는 거죠?"

이러고 있으니 그곳 사람들이 어리둥절할 만했다. 아니, 제사 전문가라는 사람이 뭘 저리 묻고 다니나. 입 가볍고 남 헐뜯기 좋아하는 사람이 그런 공자를 보고 경멸조로 말했다.

"도대체 저 친구가 무슨 예를 안다는 거야?"

이 말을 들은 자로가 공자에게 달려와 볼멘소리를 했다.

"선생님! 제사 법도 다 아시잖아요?"

"그런데?"

"왜 그렇게 사람들에게 묻고 다니세요? 그게 예란 말입니까?"

"그래. 그게 예다!"

예의의 반대는 무례다. 무례란 상대를 무시하는 행위다. 만약 공자가 제사에 대해 뭘 좀 안답시고, 오래 전부터 제사 일을 봐 온 사람들에게 묻지도 않고 멋대로 진행했다 치자. 그게 과연 예일까? 예란 절차나 방법이 아니다. 상대를 배려하는 마음이다.

누군가를 배려한다는 것은 사실 쉬운 일은 아니다. 하지만 방법이 전혀 없는 건 아니다. 상대의 얘기를 들어주고 그 사람에게 뭔가를 물어봐주면 되는 것이다.

사람들을 만나는 자리에 가면 다들 제 얘기하기 바쁘다. 대학에 들어오니 외롭다, 공부할 게 많아 힘들다, 친구가 멀어져 슬프다, 애인이랑

헤어져 미치겠다, 취업이 안 돼 답답하다. 누군들 그런 고민이 없을까.

세상 사람들 모두 저마다 고민을 끌어안고 산다. 그는 형제가 다섯이라 덜 외로울 거라고, 그녀는 외동이니까 부모 사랑을 독차지할 거라고, 생각하겠지만 외동이면 외동인대로 힘들고 형제가 많으면 많은 대로 힘들다. 돈이 없으면 없어서 괴롭다. 욕망을 채울 수 없으니까. 돈이 많으면 많아서 걱정이다. 지켜야 하니까.

일본의 저명한 카운슬러 히가시야마 히로히사는 "진정한 커뮤니케이션, 원만한 인간관계를 원한다면 듣기를 잘 하면 된다"고 말한다. 그러자면 상대의 말을 긍정적으로 수용하고 한 걸음 더 나아가 리액션도 해야 한다. 상대의 불평은 진공청소기처럼 빨아들이고 TV 방청객처럼 맞장구도 쳐주어야 한다는 말이다. 이게 다 연습이 필요한 일이다. 눈높이도 맞춰야 하고, 선입견도 버려야 한다. 더 힘든 건 상대방의 관심사까지 물어줘야 한다는 거다.

몇 해 전 전국 대학을 돌며 '책을 읽자'는 주제로 강연회를 진행할 때의 일이다. 그 행사의 강사로 나선 영화 〈해운대〉의 윤제균 감독, 베스트셀러 『나의 문화유산답사기』의 저자인 유홍준 교수를 만났다.

30분 전에 대기실에서 와서 기다리던 윤제균 감독이 통성명을 한 뒤 내게 물었다.

"최근작이 뭐였죠? 요즘엔 활동이 뜸하신 것 같더군요."

마치 인터뷰라도 하듯 그는 "어떤 성격의 인물을 연기하고 싶으시죠?"라며 이런저런 질문을 했다. 나는 성의껏 대답했다. 나중에 캐스팅될지도 모른다는 기대에서가 아니라 내게 관심을 갖고 물어주는 배려가

　　　　　서른 살 공맹노장이 답이다

인상적이었기 때문이다.

유홍준 교수도 마찬가지였다. 그리 궁금하지도 않았을 내 신상을 묻더니 강연장에서 이렇게 말했다.

"글쓰기는 잘 배워야 합니다. 나는 뭐 글쓰기를 정식으로 배운 적은 없습니다. 여기 사회 보시는 명로진 선생은 인디라이터로 유명하잖아요. 책도 쓰셨고. 글쓰기 배우시려면 명 선생한테 문의하시면……."

학생들이 웃어대는 통에 좀 멋쩍었지만 기분은 좋았다. 그가 나를 행사의 들러리가 아니라 함께 만들어가는 참여자로 인정해줬기 때문이다.

뭔가를 물어준다는 것은 상대에게 관심을 표현하는 것이다. 그게 바로 배려의 첫 걸음이다. 내 고민을 털어놓기 전에 먼저 물어보자. 잘 먹고 잘 사는지, 몸은 건강한지, 고민은 없는지, 가족은 잘 지내는지. 지금 내가 묻고 있는 게 귀찮은 건 아닌지……. 그게 예의다.

임방이 물었다.
"예의 근본은 무엇입니까?"
공자께서 답했다.
"좋은 질문이구나. 예를 지킬 때는 사치스럽기보다는 차라리 검소한 게 낫다. 장례를 치를 때는 형식을 갖추는 것보다 슬퍼하는 마음을 갖는 것이 더 중요하다."　　　　　　　　　　　　　　〈팔일〉

논어

친구에게
조언을 하려면

❋

자공이 공자에게 "친구를 어떻게 대해야 합니까?" 하고 물었다.
공자께서 답하셨다.
"진심으로 일러주어 좋은 길로 이끌어라. 그러나 따라오지 않으
면 그만두어 치욕을 당하지 않도록 해라."　　　　　　　　〈안연〉

자유가 말했다.
"임금을 섬기면서 너무 자주 간언을 하면 치욕을 당하고
친구와 사귀면서 너무 자주 충고를 하면 사이가 멀어진다."
　　　　　　　　　　　　　　　　　　　　　　　　　〈이인〉

친구를 좋은 길로 이끌려면 충고라도 해야 한다고 생각한다. 그러
나 공자는 친구가 충고를 따라 오지 않으면 관두라고 했다. 그러면서 이
렇게도 말했다.

"더불어 말할 만한 사람에게 말하지 않으면 사람을 잃게 되고,

　　　　　서른 살 공맹노장이 답이다

〈위령공〉

얼마나 현실적인 충고인가! 공자를 읽으면 이렇게 스마트폰 천 개를 들여다 보는 것보다 더 실속 있고 스마트한 지혜를 얻게 된다.

친구 사이를 가깝게 해주는 것은 한 마디의 따뜻한 위로다. 친구 사이를 멀어지게 하는 것은 한 마디의 따끔한 비난이다. 이 말 명심해야 한다.

〈목마와 숙녀〉란 시로 유명한 1950년대 모더니즘 계열의 대표적 시인 박인환과 참여시인 저항시인으로 현대시단에 지대한 영향을 미친 김수영은 한때 '후반기' 동인활동을 하면서 가까이 왕래하던 친구였다.

한국전쟁 후에 포로수용소에서 풀려난 김수영이 박인환을 만났다. 그 자리에서 김수영은 박인환의 글에서 말이 되지 않는 무슨 낱말인가를 지적했다. 그러자 발끈한 박인환이 반격했다. "이건 네가 포로수용소 안에 있을 때 새로 생긴 말이야." 그러고는 그 원고를 신문사인가 어디엔가로 갖고 갔다. 원고를 쓸 때는 구두점 하나에도 신경질적으로 까다롭게 굴던 박인환에게 김수영의 지적은 꽤나 불쾌했던 모양이다.

얼마나 서로를 미워했던지 김수영은 박인환이 죽었을 때도 장례식에 가지 않았다. 어떤 산문에서 "나는 인환을 가장 경멸한 사람의 한 사람이었다. 그처럼 재주가 없고 그처럼 시인으로서의 소양이 없고 그처럼 경박하고 그처럼 값싼 유행의 숭배자가 없었기 때문이었다"고 적기까지 했다.

물론 두 사람의 시 세계와 세상을 보는 관점, 삶의 태도가 너무나 달랐기 때문이기도 했겠지만 말 한 마디가 둘 사이를 갈라놓은 계기가 안 됐다고 말하기도 힘들 거다.

우리는 친구를 잘 안다고 생각할 때가 많다. 그러나 누군가를 정말 알 수 있는 것일까? 나 자신조차 나를 모를 때가 많은데 타인을 어떻게 안단 말인가? 우리가 누군가를 잘 알고 있다고 착각하는 것은 아닐까?

우리는 친구를 잘 안다는 착각 속에서 실수를 저지를 때가 종종 있다. 친구의 내면과 친구의 현 상황을 무 자르듯 한 마디 말로 재단한다. 그 불안한 자기 자신의 잣대로.

뭔가가 잘못되었을 때, 우리는 그 이유를 알고 있다. 이때 필요한 건 "왜 그 모양이냐" "그러게 내가 뭐랬어" "더 잘했어야지"라고 빈정대는 사람이 아니다. "괜찮아……. 그 정도면 충분해"라고 말해 줄 사람이다. 부모 자식 사이도, 사랑하는 사람 사이도, 친구 사이도 마찬가지다. 너는 이렇게 살아야 해, 너는 이런 사람이 되어야 해, 너는 똑바로 행동해야 해……. 이런 충고는 학교나 회사에서나 하는 것이다.

르네상스 시대의 인문학자인 에라스무스는 "상대가 요구하기 전에는 충고하지 말라"고 했다. 어쩌면 충고는 아예 하지 않는 게 나을지도 모른다. 충고는 가장 필요할 때 가장 자주 무시되기 때문이다. 그래서 나는 영국의 풍자시인 존 헤이우드의 이런 충고를 권하고 싶다.

"나는 오로지 침묵으로 충고할 것이다"

✿

인생에서
먼저 알면 좋은 것

❋

공자께서 말씀하셨다.

"지위가 없음을 걱정하지 말고 그런 지위에 오를 수 있는 능력이 있는지 걱정해야 한다. 자기를 알아주지 않는 것을 근심하지 말고 알아줄 수 있는 실력부터 갖추어야 한다."

"군자는 의에 밝고 소인은 이익에 밝다."

"옛 사람이 말을 함부로 하지 않은 것은 실행이 그에 미치지 못하는 것을 부끄러워했기 때문이다."

"덕은 외롭지 않고 반드시 이웃이 있다."　　　　　〈이인〉

〈이인里仁〉편은 논어의 핵심 개념 인仁을 다룬다. 인은 어질다는 뜻이다. 다시 말해서 마음이 너그럽고 착하며, 슬기롭고 덕행이 높다는 뜻이다. 〈이인〉편에는 정수리에 놓는 침 한 방 같은 말이 넘친다. 다른 책 백 권 읽는 것보다 훨씬 짭짤하다.

배우 생활을 하면서 겪은 게 있어서 그런지 유독 기억에 남는 내용이 이 구절이다.

❋

연극, 드라마, 영화 수십 편에 출연하면서 나는 '왜 나를 써 주지
않을까' 불평불만을 쏟아 놓곤 했다. 어느 날 이 바닥에서 오래 활동하
던 이가 은밀한 충고를 했다. "너를 밀어 줄 든든한 지원자를 찾아 봐."

그게 무슨 대단한 지혜라고 나는 그날부터 나만의 '빽'을 구축하려
고 들었다. A감독에게 밥을 사고 술을 샀다. 그런데 정작 A감독의 작품
에는 B가 캐스팅되었다. B에게는 C라는 매니저가 있었다. 나는 매니
저까지 영입해 부지런히 방송국을 드나들며 D라는 작가와 친분을 맺었
다. 마침내 D작가의 차기작에 캐스팅됐다. 하지만 비중 있는 역은 아
니었다. 내가 원했던 역은 나와 비슷한 이미지의 E에게 돌아갔다. 도대
체 뭐가 문제지?

밤샘 촬영을 하던 어느 날, 나는 스튜디오 한 모퉁이에 앉아 있는 E의
모습을 봤다. 지금은 꽤 유명해진 그가 가부좌를 튼 승려처럼 꼼짝 않고
앉아 있었다. '저 자식 뭐하는 거지? 졸고 있는 건가?'

나는 천천히 그에게 다가갔다. E는 내가 온지도 모르고 눈을 감은
채 계속 중얼거리고 있었다. 무릎 위에 대본을 올려놓은 채. 그는 그 어
수선한 상황에서도 대사를 외우고 있었다. 완벽하게 몰입한 상태였다.

그 모습에 나는 어떤 두려움마저 느꼈다. 자칫 말을 붙였다가는 주
먹 한방이 날아올지도 몰랐다. 그 뒤로도 나는 그를 가만히 관찰했다.
그는 한시도 대본을 손에서 놓지 않았다. 어딜 가나 틈만 나면 대사를

외우곤 했다. 그게 그의 실력이었다.

나는 그때도 연기 외에 여러 가지 일을 해치우느라 당일치기, 초치기로 대사 외우기에 바빴다. 캐스팅 권한을 가진 감독들의 눈은 정확했다. 그들은 실력 있는 배우들을 제대로 알아보았다. 그런데 나는 실력도 기르기 전에 나를 알아봐 주길 바랐다. 본질을 모르고 엉뚱한 일만 벌이고 있었다. 기초를 다지기 전에 기둥부터 세우려 했던 것이다.

우리는 좁은 나라에 살아서 그런지 모자라는 실력을 인맥으로 메우려는 습성이 있다. 적어도 나는 그랬다. 내가 시장에서 철저히 깨지고 도태되고 나서 깨달은 것이 있다면 이런 것이다. 인맥 없는 실력은 외롭고, 실력 없는 인맥은 허망하다는 것. 그래도 최우선은 실력이라는 것. 먼저 능력부터 갖추라는, 공자님 말씀을 그때도 알았더라면 좋았을 것을.

"사람의 삶은 원래 곧아야 한다. 곧지 않은데도 잘 살고 있다면 요행히 화를 면하고 있는 것뿐이다."　　　　　　　　　　　　　　〈옹야〉

논어

지금 하는 일에
확신이 들지 않는다면

번지가 논농사 짓는 법을 가르쳐 달라고 청하자, 공자께서 말씀하셨다. "내 어찌 늙은 농부만큼 농사일을 알겠느냐." 다시 번지가 채소 재배법을 알려 달라고 청하자 공자께서 말씀하셨다. "내 어찌 채소 재배하는 농부들만큼 알겠느냐."
번지가 나가자 공자께서 말씀하셨다.
"번지는 참 소인이로구나. 윗사람이 예를 중시하면 백성들이 공경할 것이요, 윗사람이 의를 사랑하면 백성들이 복종할 것이며, 윗사람이 믿음을 지키면 백성들이 진실만 이야기할 것이다. 그리 되면 사방의 백성들이 자식들을 업고 몰려올 텐데 농사를 스스로 지을 필요가 있겠느냐 말이다.　　　　　　　　〈자로〉

번지는 왜 농사짓는 법을 알려달라고 했을까? 공자의 가르침이 너무 추상적이어서 무의미하다고 생각했기 때문이다. 형이상학적인 이상만을 가르치는 공자에게 번지는 대놓고 반항했다.

"그런 거 말고 좀 실용적인 학문을 가르쳐 주십시오!"

 서른 살 공맹노장이 답이다

　그러나 번지는 그야말로 번지수를 잘못 찾은 거다. 그건 마치 베드로가 "깊은 데로 가서 그물을 던져라"라고 말하는 예수에게 "와, 고기가 어디 있는지 그렇게 잘 아시니 저에게 고기 잘 잡는 법이나 좀 가르쳐 주십시오"라고 말하는 것과 같다.

　예수는 은유적으로 말했다. 세상의 얕은 곳 그러니까 이익과 물질이 몰려 있는 곳에 머물지 말고 깊은 곳, 다시 말해 영혼과 정신을 중시하는 곳으로 가서 그물 즉, 구원의 확신을 던지라고. 예수는 베드로에게 사람 낚는 어부가 되라고 말했는데 베드로는 실용성이나 따진 꼴이다.

　지능연구가 찰스 머레이는 이렇게 이야기했다.

　"일류 대학교의 우수한 학생들은 보통 추상적이고 무의미해 보이는 것에 관심을 보인다. 반면 보통 학생들은 플라톤 같은 고전에 거의 흥미를 느끼지 못한다. 보통 학생들은 수업 시간 내내 산만하다가 재테크 같은 '실용적인' 수업에만 관심을 보인다."

　얼핏 보면 공자, 맹자, 소크라테스, 플라톤 같은 고전은 세상 사는 데는 전혀 쓸 모가 없어 보인다. 추상적이고 비실용적이고 무의미한 것 같다. 그렇다면, 사랑은 쓸모가 있는가? 베토벤 피아노 소나타는 실용적인가? 모네, 마네, 피카소의 그림은 실질적인가? 알고 보면 우리는 이해 타산적인 일만 하고 사는 게 아니다. 공부도 마찬가지다. 공부도 실용적이고 구체적이고 실질적이어야만 하는가?

　공자는 청소년기에 학문에 뜻을 두었지만 생계를 위해 미관말직을 떠돌았다. 노나라의 실권자 계씨 집안에서 창고 업무를 맡기도 했고, 목장을 관리하기도 했다. 창고 업무를 할 때는 "회계 작성법 정도만 알면 되겠구나"라고 했고, 목장을 관리할 때는 "소와 양을 살찌우면 그만이

네”라고 말했다.

왜 이런 말을 했을까? 공자는 귀족 사회에 빌붙어 봉록을 받고 장부나 정리하는 일을 했지만, 실용적인 일을 넘어서는 어떤 일에 관심을 두고 있었다. 인의예지가 구현된 나라를 만들어야 한다는 자신의 이상을 생전에 이루지는 못했지만, 그 이상을 전파하고 그 이상을 실현하기 위해 애썼다. 그 결과 성인이 됐다.

우리의 공부는 무엇을 위한 것인가? 돈 많고 힘 많은 사람들의 이익을 위한 것인가, 아니면 더 큰 이상을 위한 것인가? 얼핏 보기에 쓸모없어 보이는 공부, 실용적이지 못한 공부, 무의미한 공부가 때로는 더 큰 이상을 위해 꼭 필요할 때가 있다.

미국의 작가 로버트 벤츨리Robert Benchley1889~1945가 이런 말을 했다.

“내가 글 쓰는 재능이 없다는 것을 발견하는 데 15년이 걸렸다. 그동안 나는 쓸데없는 짓을 한다는 생각이 들었지만 포기할 수 없었다. 15년이 지나자 작가로서 너무 유명해졌기 때문이다.”

만약 지금 하고 있는 공부가 무용지물이란 생각이 든다면 벤츨리처럼 15년만 해 볼 것!

 “아침에 도를 들으면 저녁에 죽어도 좋다.” 〈이인〉

서른 살 공맹노장이 답이다

못 다 핀 꽃이
되지 않으려면

❀

젊은 사람들은 놀랍다.

미래의 그들이 현재의 우리보다 분명히 더 나을 것이다.

그러나 나이 40, 50이 되어도 이름이 알려지지 않는다면,

그런 사람들은 두려워할 게 없다. 〈자한〉

뒤에 난 사람 곧 후학은 두려워할 만하다란 뜻의, 저 유명한 '후생가외後生可畏'가 등장하는 구절이다. 공자는 어지러운 춘추전국시대의 철학자이자 정치가이자 교육자였다. 그의 문하생은 3000명에 달했다. 당시의 교육에서 선비들의 필수과목이었던 육예 즉, 예禮 음악 활쏘기 마술馬術 서도書道 수학에 통달했던 자가 72명이었으며 천재라 일컬을 만한 자가 10여 명이었다. 공자는 그런 제자들을 길러내면서 그들의 젊음과 지혜에 놀라곤 했다.

공자는 청년들의 기개를 칭찬했지만 중년이 되어서도 명성을 얻지 못하는 사람은 두려워할 필요가 없다고 따끔하게 말했다. 왜 이런 말을 했을까?

❀

논어

영화감독 프란시스 코폴라가 영화 〈대부〉를 만들 때의 일이다. 그는 제작자 알 루디와 주인공 비토 콜레오네 역을 연기할 배우 캐스팅을 놓고 오랫동안 고민했다.

콜레오네는 이미 마리오 푸조의 소설『대부』를 통해 널리 알려진 캐릭터였다. 강인함과 카리스마, 리더십을 모두 갖추지 못한 배우라면 그 역할을 소화하기 힘들 터였다. 스크린에 나타나자마자 관객들이 저절로 숭배할 마음을 갖게 되는 배우란 예나 지금이나 흔치 않다.

이탈리아계 미국인 배우를 찾기 위해 백방으로 수소문하던 그들은 전혀 알려지지 않은 새 인물로 캐릭터를 살려내려고 했다. 연기력은 있지만 아직 잘 알려지지 않은 배우를 깜짝 기용하기로 했던 것이다. 그러나 그들은 그 계획이 부질없다는 것을 알게 됐다. 제대로 연기를 했다면 50세나 된 배우가 여전히 무명으로 남아 있을 수는 없다는 게 결론이었다.

세상은 그런 것이다. 20대나 30대에 무명으로 남는 것은 용서된다. 그러나 40대에는 이름을 드러내기 시작해야 한다. 40대에 명성을 얻으려면 20대 때부터 실력을 길러야 한다. 공자는 젊은이들에게 일침을 가하기 위해 중년에 무명이 되지 않으려면 지금부터 열심히 노력하라고 충고했다.

대기만성이란 말은 너무 믿으면 안 좋다. 가을에 피는 국화꽃이 봄에 피는 매화보다 덜 아름다운 것은 아니라는 위로를 너무 믿으면 안 된다. 자신의 인생 시계가 아직 오전에 머물고 있다고 안심하지도 마라. 대기大器가 되기를 기다리고 있는데 소기小器로 그쳐버린다면? 국화라

서른 살 공맹노장이 답이다

생각하고 느긋하게 기다리고 있었는데 알고 보니 피지 못하는 국화였다면? 인생 시계의 눈금이 이제 겨우 오전 7시니까 안심하고 있었는데 오전 8시에 멈춰버린다면?

누가 국화이고 누가 매화인지는 아무도 모른다. 다만 꽃들은 해를 향해 머리를 돌리고 물 쪽으로 다리를 뻗으면서 오늘 하루를 열심히 살 뿐이다.

 "배우기만 하고 생각을 하지 않으면 이치에 어둡게 되고
생각만 하고 배우지 않으면 위험에 빠진다."　　　〈위정〉

평생 동안
가슴에 담아야 할 것

자공이 물었다.

"평생 지켜나갈 한 마디 말씀을 해 주십시오."

공자께서 말씀하셨다.

"그것은 서恕일 것이다. 자기가 원하지 않는 일을 남에게 행하지 말라." 〈위령공〉

어느 날 인도의 '성자' 마하트마 간디에게 어떤 여인이 아이를 데려왔다.

"우리 아이가 사탕을 너무 좋아해 이가 썩었는데 먹지 말라고 해도 말을 듣지 않네요. 선생님이 사탕 좀 먹지 말라고 해 주세요. 선생님 말은 듣겠다니까요."

간디는 아이를 물끄러미 바라보더니 그 여인에게 이렇게 말했다.

"한 달 뒤에 다시 오십시오."

간디를 보러 먼 곳에서 온 여인은 실망해 돌아갔다. 한 달 뒤에 여인과 아이가 다시 간디를 찾아 왔다. 간디는 아이 손을 잡고 말했다.

"애야, 사탕을 많이 먹지 마라. 건강에 좋지 않단다."

아이는 고개를 끄덕이며 사탕을 안 먹겠다고 약속했다. 엄마가 나중에 물었다.

"선생님. 왜 한 달 전에 그렇게 말씀해 주시지 않고……."

간디는 웃으며 답했다.

"저도 사탕을 좋아합니다. 한 달 전에는 저도 사탕을 먹고 있었거든요. 그래서 아이에게 먹지 말란 말을 하기 전에 제가 먼저 사탕을 끊어야 했답니다."

자기가 원하지 않는 일을 남에게 시키지 않는 것. 이게 공자 철학의 핵심이다. 간디는 이 철학을 알고 있었나보다.

공자가 죽고 나서 500년 뒤, 예수는 이런 말을 했다. "무엇이든지 남에게 대접을 받고자 하는 대로 너희도 남을 대접하라"고. 마태복음 7장 12절에 나오는 이 말을, 기독교에서는 꼭 지켜야 할 덕목으로서 '황금률'이라고 부른다.

공자는 50년 가까이 제자들을 가르치면서 화를 내거나 큰소리치지 않았다고 한다. 참 대단한 일이다. 왜 그렇게 했을까? 남이 자기에게 화내거나 큰소리치는 걸 원하지 않아서였을까. 공자는 자신이 원하지 않는 일을 남에게 하지 않는다는 말을 평생 실천하며 살았다.

예수는 왜 제자들의 발을 씻어 줬을까? 당시의 유대인 전통에 따르면 발을 씻어 주는 행위는 상대를 극진히 존경한다는 표현이었다. 예수는 누군가에게 존경받고 사랑받길 원하면 먼저 그를 존경하고 사랑해야 한다는 것을 몸으로 깨우쳐 준 것이다.

❁

성인들이 하는 말은 이렇게 간단하다. 다만 우리가 실천하지 못할
뿐이다.

 번지가 물었다.
"덕을 높이려면 어떻게 해야 합니까?"
공자께서 대답했다.
"일은 먼저하고 이익은 나중에 따지는 것. 그것이 덕을 높이는 길이
다." 〈안연〉

　서른 살 공맹노장이 답이다

맹자

맹자(기원전 372~289 경)의 어록, 맹자 지음.

착한 세상을 꿈꾼
맹자

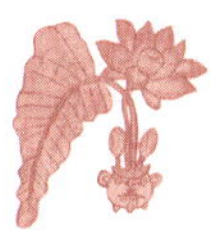

"맹자 하면 뭐가 떠오르나요?"

"맹모삼천지교요."

고전읽기반 강의실 여기저기서 웃음소리가 비어져 나왔다. 우스개를 곧잘 하는 30대 초 직장인 태형 씨가 한 걸음 더 나아갔다.

"우리 엄마도 맹모처럼 저 때문에 이사 많이 했는데 저는 왜 이 모양이죠?"

맹자 어머니가 자식 교육을 위해 화장터 동네, 시장 앞, 글방이 있는 마을로 세 번 이사했다는 일화를 태형 씨는 이렇게 비틀었다. 맹모삼천지교는 전한前漢 말의 학자 유향이 지은 『열녀전』에서 비롯된 말이지만 실제로 그런 일이 있었는지는 알 수 없다.

"다른 분은요?"

수업 분위기가 이내 싸늘해졌다. 흘깃흘깃 눈치를 보던 수강생들이 훔친 물건이라도 내놓듯 쭈뼛거렸다.

“왕도정치요.”

“성선설이요.”

“호연지기 아닌가요?”

“공자님 제자인 거 맞죠?

틀린 대답은 없었다. 맹자가 공자의 손자인 자사의 제자에게 배웠다는 거 말고는. 대답들은 그야말로 ‘교과서적’이었다. 고등학교 때까지 맹자를 공식처럼 외웠으니 그럴 만도 하다. 맹자가 왜 왕도정치를 부르짖고 성선설을 주장했는지 제대로 가르쳐 주지도 배우려 하지도 않았던 거다.

그럼 왜 맹자는 왕도정치, 성선설, 호연지기 같은 개념을 생각해 낸 걸까? 아무래도 그가 살았던 시대와 관련이 깊다. 맹자는 지금의 산동성 남부에 위치했던 추鄒라는 작은 나라에서 기원전 327년 태어났다. 공자가 죽은 지 100년쯤 지난 시기로 서양에서는 알렉산더 대왕이 인도를 침공하던 때다.

당시는 중국 역사상 가장 극심한 격동기로 일곱 개의 제후국이 패권을 놓고 치열하게 싸움을 벌였다. 그야말로 전쟁 속에서 하루가 가고 하루가 왔다. 그러니 왕들은 어떻게 하면 힘을 길러 전쟁에서 이길까만 궁리했다. 왕 주변에 병법과 외교에 능한 장군과 선비들이 몰려든 것도 그런 이유에서였다.

한 해 동안에도 전쟁은 여러 차례 벌어졌고 하룻밤에 40만명의 병사가 죽기까지 했다. 이토록 처참한 전쟁은 과연 누구를 위한 것이었을까? 전쟁에 참전한 군사들? 후방에서 군사들을 위해 먹을 것과 입을 것을 보낸 백성들? 천만의 말씀이다. 전리품은 왕과 일부 귀족이 독식했다. 전쟁 속에서 백성들의 삶은 과도한 부역과 세금으로 갈수록 피폐해져갔다.

맹자가 보기에는 이런 상황이 옳지 않았고, 맹자는 당시의 지배적인 사조였던 법가, 병가로는 사회현실을 바로잡을 수 없다고 생각했다. 인간을 태어날 때부터 욕망을 추구하는 존재로 본 법가, 병가의 한계를 본 것이다. 맹자는 비록 당대의 현실이 추악하고 살벌하지만 인간 본성 때문이 아니라 제도와 정치가 잘못돼 그런 것이라고 봤다. 이처럼 당대의 지배사상인 법가 병가 농가 종횡가 등을 비판하면서 논지를 펴나갔기 때문에 『맹자』에는 제자백가의 다양한 사상이 등장한다.

맹자는 결국 '사람의 본성은 선하다'는 프레임 즉, 성선설을 내놓는다. 인간은 누구나 다른 사람을 동정하는 마음, 곧 측은지심이 있다는 것이다. 우물에 빠질 것 같은 아이를 보면 내 아이든 남의 아이든 상관하지 않고 구하려고 하는 게 인간의 본성이라는 거다. 성선설은 이렇게 나왔다.

맹자는 선한 본성에 따라 통치자는 동정심을 갖고 백성을 내 자식 사랑하듯이 하며 그 백성은 부모를 따르듯이 군주를 따라야 한다고 주장했다. 통치자의 덕에 의한 정치가 바로 맹자가 이상적인 정치형태라고 내세운 왕도정치다. 맹자는 왕도정치 이념을 설파하기 위해 15년 동안 여러 나라를 돌며 제후들을 만났다. 여기서 『맹자』의 첫 부분을 보자.

맹자가 양 혜왕을 만났을 때였다.
"선생처럼 유명한 분이 천리를 마다하지 않고 찾아 주셨으니 앞

✿

맹자

부국강병을 지상 최대의 목표로 삼는 왕들에게 이렇게 덕을 베푸는
정치, 어질고 올바른 정치를 하라는 것은 사실 씨가 먹히지 않는 소리였
다. 그럼에도 맹자는 한 걸음 더 나아갔다.

“왕은 태어나는 것이 아니다. 백성의 지지를 받고 만들어지는 것이
다. 만약 왕이 백성을 위하지 않고 자신만을 위한다면 백성은 천명을 받
들어 왕을 바꿀 수 있다.”

왕을 설득하고 간언도 하되 끝내 들어주지 않으면 갈아치우라는 것
이다. 한마디로 혁명을 하라는 거다. 군주를 부모처럼 존중하라고 한 공
자가 인을 따르지 않는 군주를 만나면 여러 차례 간하고 그래도 못 받아
들이면 조용히 물러날 것을 권한 것과는 달라도 너무 다르다. 어쩌면 혈
기 넘치는 젊은 세대에게는 부드러운 공자님 말씀보다는 직설적인 맹자
님 말씀이 더 피부에 와 닿는다.

그러나 맹자의 주장은 군주들에게는 너무도 급진적일 뿐 아니라 자
신들이 타깃이 될 수 있다는 점에서 불쾌한 사상이었을 것이다. 실제로
명나라 태조 주원장은 맹자에서 권력 비판적 내용을 못 마땅하게 여겨
책 전체 분량의 30%를 삭제하도록 했다.

유교의 주요 경전이자 맹자의 정치철학을 담은 『맹자』는 모두 7편
으로 구성돼 있다. 〈양혜왕〉〈공손추〉〈등문공〉 등 3편은 맹자의 정치적

편력을, 〈이루〉〈만장〉〈고자〉〈진심〉 등 4편은 제자와의 문답과 잡사를 다루고 있다. 논어가 함축적인 시적 문장으로 이뤄져 있다면 맹자의 글은 논리 정연한 변론조의 문장으로 쓰여져 있는데 문학적이면서도 힘찬 문체를 구사하고 있다.

『맹자』는 전국시대 말기에는 거의 사람들의 관심을 끌지 못하다가 1천년이 지난 송나라 때 주희에 의해 새롭게 부각됐다. 주희는 맹자를 아성亞聖으로 대접하면서 논어 대학 중용과 더불어 사서의 반열에 올려놓았다. 주희의 『맹자집주』는 이후로 과거시험의 필수 교재가 되었다. 맹자는 조선시대의 사유체계에도 지대한 영향을 미쳤다. 우리가 일상에서 자주 쓰는 성어 즉 연목구어, 오십보백보, 호연지기, 인자무적, 항산항심 같은 말이 다 『맹자』에서 나온 것이다.

 "천하를 얻는 방법이 있다. 백성을 먼저 얻으면 천하를 얻을 수 있다. 백성을 얻는 방법이 있다. 백성의 마음을 먼저 얻으면 백성을 얻게 된다. 백성의 마음은 어떻게 얻는가? 그들이 바라는 것을 해 주고, 그들이 싫어하는 것을 하지 않으면 된다." 〈이루 상〉

맹자

왜
혁명을 해야하는가

맹자가 말했다.

"백성이 귀하고 사직은 그 다음이고 군주는 하찮다. 그러므로 백성의 마음을 얻으면 천자가 되고, 천자의 마음을 얻으면 제후가 되고, 제후의 마음을 얻으면 대부가 된다.

만약 제후가 사직을 위태롭게 하면 제후를 바꾸면 된다. 살진 희생물을 마련하고 정결한 곡식을 제물로 바치고 때에 맞춰 제사를 지냈는데도 가뭄이 들거나 물난리가 나면 사직의 신을 바꾸면 된다."　　　　　　　　　　　　　　　　　　　　〈진심 하〉

천자는 춘추시대에 중국 전체를 통치하는 상징적인 존재로 주周나라 왕을 가리킨다. 제후는 주나라에서 작위를 내려 각 지역에 파견한 왕족과 귀족들이다. 제후들은 점점 실질적 권한을 갖게 되면서 지역의 맹주 노릇을 했고 일부 제후의 세력은 천자를 능가하게 됐다.

사직의 신은 우리가 말하는 신과 비슷한 개념이다. 춘추전국시대에는 토지의 신인 사社와 곡식의 신인 직稷을 섬겼다. 이들을 위해 시시때

서른 살 공맹노장이 답이다

때로 제사를 드리고 복을 빌었다.

누군가 맹자에게 이렇게 물었을 것이다.

"우리는 신이 원하는 대로 했습니다. 그런데 가뭄이 나고 홍수가 났어요. 어떻게 하면 되죠?"

맹자는 대답했다.

"신을 바꾸면 된다."

나는 이 대목을 읽다 책을 떨어뜨릴 뻔했다. 너무 과격하고 파격적인 주장이었기 때문이다. 신을 바꾸라니. 그걸 어떻게 바꿀 수 있는가? 그러나 맹자는 단호하게 말한다. 바꾸면 그만이라고. 인간을 인간답게 대하지 않는 신, 인간을 행복하게 하지 않는 신은 필요 없다는 것이다.

맹자에겐 사람(＝백성)이 가장 중요하고 나머지는 하찮다. 설령 신이라 해도 사람 앞에서는 아무것도 아니다. 신도 바꿀 수 있는데, 나머지는 말해 무엇하랴! 이게 맹자의 생각이다. 맹자는 그야말로 휴머니스트였다. 그가 주장했던 혁명도, 호연지기도, 인의 구현도 모두 사람을 위한 것이었다. 인본주의자로서 "사람이 제일 중요하다"는 게 맹자 사상의 핵심이다.

맹자의 핵심적인 정치사상도 파악했으니 고전을 비틀어서 우리 삶에 대입해보는 건 어떨까? 바꿀 수 있으면 신까지도 바꾸라 했으니 까짓 거 생활 속에서 못 바꿀 것도 없지 않을까? 친구가 나를 배신하면, 친구를 바꾸면 되고 애인이 마음에 들지 않으면, 애인을 바꾸면 된다.

맹자처럼 조금 더 가보자. 국회의원이 자기 이익만 따지면, 국회의원을 바꾸면 되고 대통령이 국민을 위하지 않으면, 대통령을 바꾸면 된다. 21세기에도 맹자님 말씀은 이렇게 잘 통한다.

세상의 파도에 휘쓸리고 사람들 독설에 채이고 사랑의 배신에 울 때마다 "그래, 바꾸면 되지, 뭐 .쿨하게!"라며 웃자. 맹자에게 백성이 중요하듯 나에겐 내가 중요하니까. 다만 맹자가 백성의 삶이라는 엄정한 잣대로 정치철학을 폈듯이 나 자신을 위할 때 어떤 잣대를 쓸 건지는 머리 싸매고 고민할 일이다.

다른 사람을 측은하게 여기는 마음(측은지심惻隱之心)이 없다면 사람이 아니고, 부끄러워하는 마음(수오지심羞惡之心)이 없다면 사람이 아니며, 사양하는 마음(사양지심辭讓之心)이 없어도 사람이 아니고, 옳고 그름을 판단하는 마음(시비지심是非之心)이 없다면 사람이 아니다.
측은지심은 인의 시작이고, 수오지심은 의의 시작이며, 사양지심은 예의 시작이오, 시비지심은 지의 시작이다.

〈공손추 상〉〈고자 상〉

서른 살 공맹노장이 답이다

자신감이
땅에 떨어졌다면

✽

맹자가 말했다.

"사람은 누구나 귀하게 되고 싶은 마음을 갖고 있다. 사실 사람은 누구나 자신의 몸에 귀한 것을 지니고 있다. 다만 그것을 생각하지 못할 뿐이다. 남이 귀하게 해 준 것은 진실로 귀한 것이 아니다. 조맹이 귀하게 해 준 것은 조맹이 천하게 만들 수 있다."

〈고자 상〉

스탕달의 소설 『적과 흑』에는 복잡미묘한 매력을 지닌 주인공 쥘리엥 소렐이 등장한다. 시골의 비천한 목수 아들로 태어난 쥘리엥은 무서운 아버지와 거친 형제들 사이에서 밥만 축내는 쓸데없는 인간 취급을 받는다. 육체와 완력을 남자다움으로 여기던 시절에 연약하고 섬세하고 똑똑한 쥘리엥은 구박덩이였던 셈이다. 하지만 쥘리엥은 죽는 날까지 자존심을 내려놓지 않는다.

쥘리엥은 같은 마을에 사는 퇴역한 군의관에게서 우연히 라틴어를 배우게 되면서 자극을 받는다. 일개 중위에서 황제의 자리에까지 오른

✽
맹자

나폴레옹 얘기를 듣고는 자신도 상류사회에 들어가 인생을 바꾸겠다는 야심을 갖게 된 것이다. 가난한 평민 신분으로는 군인으로 성공할 수 없다고 판단한 쥘리엥은 신부가 되기로 작정한다. 유난히 기억력이 뛰어난 쥘리엥은 라틴어와 신약을 열심히 공부해 시장 레나르 집의 가정교사가 된다. 바야흐로 상류사회의 언저리에 진입하게 된 것이다.

쥘리엥은 콧대 높은 귀족 사회의 냉담한 시선과 조롱 속에서 순간순간 모멸감을 느끼면서도 끊임없이 자신을 긴장 속으로 밀어넣는다. 야망을 이루고야 말겠다는 각오와 용의주도한 성격, 잘 생긴 외모를 활용해 귀족 사회에 편입한 쥘리엥은 그야말로 자기애의 화신이라고 말할 수 있다.

결국 한 순간의 격정과 충동 때문에 아슬아슬하게 쌓아놓은 것들을 한꺼번에 잃지만 쥘리엥은 한순간도 자신의 삶의 주인공이길 포기하지 않는다. 개인으로서는 감당키 힘든 구체제의 억압적인 상황 속에서 어느 누구에게도 조롱받지 않기 위해, 자신이 설정해 놓은 명예를 스스로 지키기 위해, 자기 삶에 충실하기 위해 두려움 속에서도 자신을 벼랑 끝까지 몰아세운 것이다. 인용문에서 본 것처럼 조맹이 귀하게 해 준 것은 조맹이 천하게 만들 수 있다는 것을 쥘리엥은 잘 알고 있었던 인물이다.

조맹은 춘추전국시대 진晉 나라에서 권력을 쥐고 흔든 사람이다. 주요 관직에 자기 사람을 임명하기도 하고 내치기도 했다. 조맹에 의해 좋은 자리에 앉은 사람들은 바로 조맹에 의해 나쁜 자리로 갈 수도 있었다. 당연히 그들은 어떻게 하면 일을 잘 할 수 있을까 생각하기보다는 어떻게 하면 조맹에게 잘 보일 수 있을까를 더 생각했다. 조맹이 웃으면 따

서른 살 공맹노장이 답이다

라 웃었고, 조맹이 울면 따라 울었다. 스스로 기뻐도 조맹의 눈치를 봤고, 스스로 슬퍼도 조맹의 안색을 살폈다. 살아도 사는 게 아닌 삶을 살았던 것이다.

조맹 같은 존재에 휘둘리기를 거부한 이가 바로 한 고조 유방이다. 유방은 최대 라이벌 항우를 무찌르고 황제가 된 뒤 자신을 도와준 가신들을 하나하나 제거했다. 한나라 건국에 기여했던 가신들이 무모한 보상을 원했기 때문이다. 그러나 땅은 유한하고 인간의 욕심은 무한하다. 가신들의 욕망을 다 채워주려면 중국 땅 전체를 나눠줘도 모자랄 판이었다. 유방의 선택은 자신을 그 위치에 오르도록 만들어준 인물들을 없애고 자신의 뜻대로 나라를 다스리는 것이었다.

부모가 부자라서 귀하게 큰 사람은 부모가 가난해지면 천해진다. 선배가 잘 봐줘서 돈을 번 사람은 선배가 망하면 같이 망할 수밖에 없다. 친구 따라 강남 간 사람은 친구가 강북으로 돌아오면 따라와야 한다. 부모, 형제, 자매, 친구, 애인, 상사, 스승. 그 누구도 우리 삶의 조맹이 되게 해서는 안 된다. 타인의 입김에 이리저리 휘둘리며 사는 것, 나 아닌 남이 내 인생을 좌우하는 것을 바람직한 삶이라고 할 수는 없지 않은가.

제대로 된 인생을 살려면 우리 삶 속의 조맹부터 제거해야 한다. 그러자면 그들에게 보호받고 싶어 하는 의존욕구부터 버려야 한다. 아울러 내 안을 들여다보자. 내 안에는 내가 잘 모르는, 참 괜찮은 내가 있다. 그동안 모르고 있었을 뿐이다. 그 괜찮은 나를 믿어주고 키워줘야 한다. 나 자신부터 나를 귀하게 여기고 사랑해줘야 한다는 말이다.

스스로 자존감이 없다고 생각하는가? 자존감은 다른 사람이 인정해

❀

맹자

준다고 해서 있고, 자신이 느끼지 못한다고 해서 없는 게 아니다. 자존감
이란 우리가 태어날 때부터 갖고 있는 것이다. 마치 날 때부터 뇌와 심장
이 있듯이. 나를 귀한 존재로 만드는 것은 결국 나다. 우리는 누구나 자
신의 몸에 귀한 것을 지니고 있다. 그것을 믿자.

"사람은 스스로를 무시하면 반드시 다른 사람의 무시를 받는다. 한
집안도 가족이 서로를 망치고 나면 반드시 남이 이 집안을 망하게
한다. 나라가 무너질 때도 반드시 안에서 먼저 저들끼리 싸우고 나
서 다른 나라가 공격하는 법이다.
『서경』에서 말하는 것처럼 하늘이 만든 재앙은 피할 수 있어도 스스
로 만든 재앙에서는 빠져나갈 길이 없다."　　　　　　　　〈이루 상〉

　　　　　　서른 살 공맹노장이 답이다

하루하루가
견디기 힘들 때는

하늘이 장차 어떤 사람에게 큰일을 맡기려 할 때는

반드시 먼저 그의 마음을 괴롭게 하고,

그의 뼈마디가 꺾이는 고통을 주고,

그의 배를 곯게 하고,

그의 몸을 가난에 찌들게 하여,

하는 일마다 뜻대로 되지 않게 만든다. 왜?

그의 마음을 분발하게 하고

참을성을 갖게 하려고.

그래서 지금까지 그가 할 수 없었던 일을

능히 해낼 수 있게 하려고.　　　　　　　　　〈고자 하〉

아내가 폭탄선언을 했다.

"나 임신했어."

자신의 2세를 갖게 됐다는 소식을 듣는 것만큼 인생에서 기쁜 일도
드물다. 그러나 그때 나는 진퇴양난이었다. 방송 일은 끊어져 어디서도

연락이 오지 않았다. 쓰고 싶은 글은 있었지만 어떤 출판사도 내 책의 기획서를 받아주지 않았다.

아침이면 지하철 패스와 밥 사먹을 돈 5,000원을 들고 신설동 집필실로 향했다. 화장실도 없는 4층 건물 옥상의 방 한 칸에서 누가 읽어줄지도 모를 글을 썼다.

어느 날 출판사에 다니는 후배가 연락을 해왔다.

"형, 어린이 물인데 한 번 써 볼래요? 지식 시리즈물이에요."

찬밥 더운밥 가릴 처지가 아니어서 "몇 권쯤 쓸 수 있느냐"는 후배의 말에 나는 무조건 "세 권!"이라고 말했다. 집필실 계약기간이 석 달 남아있었다. 아동용 책이니 한 달에 한 권씩 쓰면 되겠지 하는 심산이었다.

열심히 자판을 두드렸다. 에어컨도 없는 집필실에서 매일 원고지 30장 이상을 써댔다. 땀이 날 때면 옥상에 올라가 수돗물을 머리에 들이부었다. 하루 종일 원고를 쓰고 나서는 저녁으로 된장찌개에 소주 한잔을 마시고 귀가했다.

원고를 다 써서 출판사에 넘기고 끝내 집필실을 처분했다. 책이 나오기까지는 6개월을 더 기다려야 했고, 더 이상 일거리도 없었다. 월세낼 돈도 없었다. 아침에 일어나면 배낭 속에 라면과 버너를 넣고 산에 올랐다. 적당히 등산을 하다 점심때가 되면 버너에 물을 올리고 라면을 끓여 먹었다.

'이렇게 내 청춘이 흘러가는 건가…….'

나는 소위 사립 명문대를 졸업하고 잘 나가는 언론사 기자로 일하며 남부럽지 않은 연봉을 받았다. 어딜 가나 대접받는 입장이었고 주머니는 늘 두둑했다.

이 모든 걸 버리고 프리랜서 생활을 한 지 2년 만에 나는 빈털터리가 되어 있었다. 정신도 지갑도 얄팍해져 남은 게 없었다. 일거리가 끊기고 1년이 지나자 자존감은 바닥이 됐다.

그때 집필실에서 처분하려고 아무렇게나 내팽개쳐 놓았던 스피노자의 책 『에티카』가 우연이 눈에 들어왔다. 휘리릭 페이지를 넘기다 끝 문장에 시선이 박혔다.

"만일 행복이 눈앞에 있다면 그리고 큰 노력 없이 찾을 수 있다면, 사람들이 그것을 보고도 못 본 체하겠는가? 모든 고귀한 것은 힘들 뿐만 아니라 드물다."

운명의 신이 나를 이끌려고 그랬는지 며칠 뒤 나는 또 집필실에서 갖다 놓은 『맹자』의 구절을 발견했다.

"하늘은 어떤 사람에게 큰일을 맡기려 할 때, 반드시 먼저 그의 마음을 괴롭히고, 뼈마디가 꺾이는 고통을 주고, 배를 곯게 하고, 가난에 찌들게 한다! 왜? 큰일을 맡기려고!"

상황에 몰리다 보면 이런 구절이 가슴에 콱 박힐 때가 있는 법이다. 아아, 그랬구나. 내가 지금 힘든 게 다 이유가 있었구나. 행복이 쉽게 오는 게 아니구나. 그렇게 내 자신을 다독거렸다. 비록 내가 큰일을 하고 있지는 않지만 하늘이, 신이, 운명이 다 계획이 있어서 이러는 거구나……. 나는 다시 책을 들었고 자판을 두드렸다. 얼마 뒤 아동서의 인세가 들어오기 시작했다.

살면서 뼈마디가 꺾이는 고통을 실제로 겪어본 적이 있는가? 지금 배를 곯고 있다면, 가난에 찌들어 있다면, 하는 일마다 뜻대로 되지 않는다면, 한발 물러서서 웃어라. 하늘이 당신을 위해 깜짝 놀랄 선물을 준비

맹자

하고 있다는 증거니까.

비바람 안 맞아보고 피는 꽃은 결코 향기롭지 않다. 고통 한번 겪지 않고 평탄하게 사는 삶은 시시하다.

 "그만두어선 안 될 때인데도 그만두는 사람은 어떤 경우라도 그만 둘 것이다.

후하게 대우해야할 사람에게 각박하게 구는 사람은 어떤 사람에게도 각박하게 굴 것이다.

나아가는 데 성급한 사람은 물러나는 데도 성급할 것이다. "

〈진심 상〉

 서른 살 공맹노장이 답이다

누군가와
다툰 후에는

내가 다른 사람을 사랑하는데도

그 사람이 나를 가까이 하려 하지 않으면

내 사랑에 잘못이 있는지 반성해 보라.

내가 다른 사람에게 예의를 다하는데도

답례가 없으면

내 공경하는 마음을 돌아보라.

어떤 일을 하고서도 바라는 결과를 얻지 못하면

모두 돌이켜 자신에게서 그 원인을 찾아야 한다.

〈이루 상〉

모든 게 내 탓이라고 인정하면 안 풀리는 문제가 없다는 말은 이제 좀 지겹다. 그런데 '내 탓이오' 타령은 맹자 말고도 수많은 성인과 사상가들이 입에 올린 말이다. 봐주는 셈 치고 한 번쯤 귀 기울여 보자. 뭔가 쿵하는 소리가 마음속에서 들려올지 모른다.

실제로 고전반 수강생들과 함께 이 구절을 읽을 때였다.

어디서 "아~!" 하는 한숨 소리가 들려왔다. 서른 살의 미혼 여성인 희은 씨였다.

"왜 그래요?"

"뭐가 잘못된 건지 알 것 같아서요."

희은 씨는 얼마 전에 실연했다고 했다.

"결국 나 때문이었어요. 내가 더 잘못한 거 같아요……."

희은 씨가 별 생각 없이 툭 털어놓은 고백에 여기저기서 비슷한 탄식이 흘러나왔다. 스무 살의 유리 씨는 갑자기 멀어진 친구가, 마흔 살의 주원 씨는 이혼한 아내가 떠올랐다고 했다. 쉰 살의 하나 씨는 말 안 드는 부하 직원을, 예순 살의 미순 씨는 야속한 며느리가 생각난다고 했다.

그런데 놀랍게도 유리 씨는 친구와 멀어지게 된 책임이 자기에게 51% 있다고 했다. 아주 쿨한 평가였다. 우리는 누군가와 사이가 틀어졌을 때 내 잘못은 10, 상대의 잘못은 90이라고 생각하기 쉽다. 유리 씨는 그런 냉정한 평가로 자신을 괴롭히던 과거로부터, 자신에 대한 책망으로부터 벗어날 수 있게 됐다.

부끄러운 이야기지만 얼마 전, 나는 라디오 방송 프로를 진행하다 도중 하차한 적이 있다. 프로그램을 맡은 연출자와 자주 충돌한 게 화근이었다. 연출자는 자신의 뜻대로 안 되는 게 있으면 방송 도중 소리를 지르며 화를 내곤 했다. 그러던 어느 날 나는 참을 수 없어서 같이 소리를 지르며 화를 내고 말았다. 참 어리석은 행동이었다.

결과는? 더 이상 함께 일을 하지 못할 정도로 상황이 악화됐다. 그일이 있고 나서 나는 줄곧 그 연출자를 탓했다. 그가 나빴어. 그가 부족

 서른 살 공맹노장이 답이다

했어. 그가 이상했어. 마음의 상처가 너무 커서 몇 주 동안 아무 일도 못하고 있을 때였다. 후배가 나를 명상센터로 이끌었다. 하지만 좀체 마음이 가라앉지 않았다.

물구나무를 서느라 땀을 삐질삐질 흘리고 있던 순간이었다. 연출자를 처음 만나 방송을 하게 되기까지 과정이 불현듯 머릿속에서 스쳐 지나갔다. 세 번째 미팅 때 프로그램의 진행과정을 놓고 토론하다 논쟁으로 번지게 됐다. 그때, 바로 그때 먼저 화를 낸 것은 나였다.

며칠 후 프로그램이 시작되던 날에도 상황이 마음에 들지 않아 또 화를 내고 말았다. 결국 연출자는 내 화를 두 번 받아주고 나서 자기 방어를 했던 것이다. 그렇게 상황을 정리하고 보니 먼저 잘못한 것은 나였다는 사실이 명백해졌다.

어떤 일을 하다가 원하는 결과를 얻지 못했을 때, 누군가와 다투게 되었을 때 그 원인을 자신에게 돌리는 것은 대단히 어려운 일이다. 하지만 그것은 대단히 중요한 일이다. 다음에 다른 일을 할 때 원하는 결과를, 마음에 드는 파트너를 얻을 확률이 높다. 반성을 통해 전략의 틀을 다시 짜기 때문이다. 반대로 자신 이외의 것에서 원인을 찾으면 다음에 기회가 와도 잡지 못한다. 현재의 부족한, 잘못된 자신을 그대로 유지하기 때문이다. 자책하면서 자신을 학대하자는 게 아니다. 승리하기 위해서 나를 되돌아보자는 거다.

뭔가 일이 잘 안 풀린다면 입장 바꿔 생각해 보는 훈련을 해보는 게 좋다. 혼자서 하루에 세 번만 '내 탓이오'를 되뇌어 보는 거다. 그러면 내 마음도, 내 삶도, 타인과 관계도 풀리게 된다.

❀
맹자

돈 앞에서
흔들리지 않으려면

등나라 문공이 나라를 다스리는 것에 대해 묻자, 맹자가 대답했다.

"백성들의 일에 적극적인 관심을 가져야 합니다. 백성들이란 고정적인 수입이 있으면 안정된 마음을 가지게 되고, 고정적인 수입이 없으면 안정된 마음을 갖지 못하는 법입니다. 안정된 마음이 없으면 방탕하고 편견을 갖게 되고 사악하게 됩니다. 이런 사람은 죄를 저지르기 쉬운데, 죄를 저지르길 기다렸다 벌을 주는 것은 백성을 물고기처럼 여기며 그물을 던져 잡아들이는 것과 같습니다." 〈등문공 상〉

10년도 더 된 이야기다. 죽마고우인 진수가 자동차를 할부로 구입하면서 보증을 부탁했다. 그때 녀석은 대기업 사원이었고 나는 기자로 일했다. 한 달에 몇 십만 원 하는 자동차 할부금쯤이야, 하는 심정으로 보증을 서 주었다. 2년쯤 지났을까. 보증 선 사실도 잊고 있던 어느 날, 자동차 회사에서 전화가 왔다.

“김진수 씨 보증인 맞으시죠? 밀린 할부금 350만원 변제해 주셔야겠습니다.”

무슨 소린가 싶어 진수에게 연락을 했지만 통화를 할 수 없었다. 며칠 동안 전화를 받지 않자 은근히 부아가 치밀었다.

“이 자식이……. 겨우 돈 350 때문에 내 전화를 안 받아?”

그동안 소식이 툭 끊긴 데다 친구들에게 수소문을 해도 연락이 안 돼 나는 할 수 없이 밀린 할부금 350만원을 갚았다. 그리곤 내 마음속 친구 목록에서 진수란 이름을 지웠다. 돈이란 게 그렇게 치사한 것이다. 나는 350만원이라는 돈 때문이라기보다 일언반구 말이 없어서 그에게 더 실망했다. 그런데 몇 달 뒤 전화가 왔다.

“형! 저 진수형 사촌 동생 진만이에요. 인천 장례식장입니다.”

몇 달 전 간경화로 입원한 진수가 끝내 저 세상으로 갔다는 소식이었다. 장례식장에서 나를 반긴 건 녀석의 영정 사진이었다. 어린 시절 곱상한 용모 때문에 ‘요술공자 새리’라고 놀림을 받았던 녀석이 사진 속에서 환하게 웃고 있었다. 그야말로 추억은 방울방울 떠올랐다. 초등학교 때 나와 함께 여자 애들 고무줄을 끊었고, 중학교 때는 어린이대공원에서 청룡열차를 타며 함께 괴성을 질렀고, 고등학교 때는 우리 이삿짐을 척척 날라 주던 놈이었다. 그 문제의 자동차를 할부로 뽑았을 때도 나를 제일 먼저 태워줬었는데…….

그동안 나는 350만원 때문에 옛 친구를 원망만 했지, 그에게 무슨 일이 벌어진 건 아닐까 걱정하지 않았던 것이다. 남 모르는 자책감에 눈물이 터져나왔다.

돈이라는 게 이렇게 무섭다. 30년 우정을 한 순간에 무너뜨릴 정도로. 보증금 변제를 통보받았을 때 나는 백수였다. 내 코가 석 자다 보니 더 진수를 용서할 수 없었다.

사실 안정적으로 돈을 벌어 지키는 것은 중요하다. 오죽하면 사람이 근본이라고 믿었던 인본주의자인 맹자가 "고정 수입이 있으면 안정된 마음을 갖게 되고 고정 수입이 없으면 안정된 마음을 갖지 못한다"고 했을까?

돈이 중요하지 않다고 말하는 것은 위선이다. 성인들은 평생 가난하게 살면서도 마음은 풍족하다고 말했지만 우리같이 평범한 사람들은 그럴 수 없다. '돈이 인격'이라고 말하는 요즘 세상에서 고정 수입 없으면 솔직히 사람 구실 하기 힘들다. 그러니 돈 없어도 행복할 수 있다고 말하는 어른들을 믿지 마라.

성공철학의 대가 나폴레온 힐은 말한다. 인생에서 가장 위대한 것은 자유를 누리는 것이다. 그런데 진정한 자유는 경제적 자립이 이뤄져야 가능하다. 그게 안 되면 평생 동안 좋아하지도 않는 일을 반복하며 쫓기듯 사는 수밖에 없기 때문이다. 그것은 감옥에 갇혀 사는 죄수 신세와 같다는 게 그의 결론이다.

젊을 때부터 돈 많이 벌 궁리를 하라는 게 아니다. 돈에 대한 현실적인 개념이라도 세워둬야 지혜롭게 인생을 살 수 있다는 말이다. 돈의 노예가 되지 않으려면 얼마의 돈을 언제 어떻게 벌고 관리해야 하는지 정도는 생각해 볼 필요가 있다.

나폴레온 힐은 첫 단계로 저축하는 습관을 기르라면서 아래의 시를 교훈 삼아 실천하라고 권한다.

빌리는 사람도

빌려주는 사람도 되지 말라

빚이란 자기 자신과

친구 모두를 잃게하는 것

빌려 쓰는 버릇은

검약의 결심을 무디어지게 하나니

무엇보다도 그대가 소유한 것을

성실히 사용하라

밤이 가면 낮이 오듯이

그렇게 성실하게만 살아간다면

어느 누구에게도

원망을 사지 않게 되나니

―셰익스피어

여담 하나. 칼럼니스트 리카이저우가 쓴 『공자는 가난하지 않았다』에 따르면 맹자는 큰 부자였던 모양이다. 제나라에서 일할 때 받은 연봉을 환산하면 좁쌀 10만 종種인데 요즘 계산으로 하면 1만5000t이나 된다. 제나라에서 관직을 그만두고 고향인 추나라로 갈 때도 송나라와 설나라 왕에게서 받은 금만 100일鎰, 즉 36kg이나 되었다. 귀향 여비로 이렇게 어마어마한 액수를 받았다니 항산항심, 즉 일정한 생산이 있으면 마음이 변치 않는다는 말을 강조했을 만도 하겠다 싶다.

맹자

어떤 친구가
좋은 친구인가

만장이 물었다.

"벗을 사귀는 방법에 대해 알려 주십시오."

맹자가 대답했다.

"벗을 사귈 때는 자신의 나이가 많음을 내세우지 말고, 지위가 높음을 내세우지 말고, 자기 형제 중에 권세가 있다는 것을 내세우지 않아야 한다. 친구가 된다는 것은 그 사람의 덕을 보고 좋아하는 것이므로 그 이외의 것을 내세워선 안 된다."

〈만장 하〉

중국 고대 하나라 때 유궁국에 예羿라는 임금이 있었다. 그는 활쏘기 명인으로 방몽이란 제자를 길렀다. 방몽은 활쏘기 비법을 모두 배우자 예를 죽여버렸다. 예가 없어지면 내가 천하제일의 명궁이 되겠지라고 생각한 것이다. 참으로 배은망덕한 놈이다.

맹자의 제자인 공명의가 이 이야기를 듣고 말했다. "방몽을 가르친 예에게는 잘못이 없다고 봅니다." 그러자 맹자가 말했다. "예에게도 잘

서른 살 공맹노장이 답이다

못이 있다.” 사람은 자기와 비슷한 사람과 어울린다는 것이었다. 그러면서 맹자는 이야기 한 토막을 들려주었다.

오래 전에 위나라와 정鄭나라가 싸울 때였다. 정나라 군대가 밀리자 장수인 자탁유자도 도망을 갔다. 위나라의 장수 유공지사가 자탁유자를 쫓았다. 그날 따라 자탁유자는 몸이 안 좋아 활을 잡을 수 없었다. 꼼짝없이 죽게 생겼구나 생각하며 자탁유자가 마부에게 물었다.

“나를 쫓는 자가 누구냐?”

마부가 “유공지사입니다”라고 하자 그는 이제 살았다며 안도의 숨을 내쉬었다. 마부가 그 모습을 보고 “유공지사는 백발백중으로 알려진 명궁입니다. 그런데 나리께서 살았다고 하시니 어찌된 일입니까?”라고 물었다.

그러자 자탁유자가 답했다.

“유공지사는 윤공지타에게 활쏘기를 배웠다. 그 윤공지타를 바로 내가 가르쳤다. 윤공지타는 도리를 아는 사람이니, 그가 가르친 제자 역시 도리를 아는 인물일 것이다.”

유공지사가 자탁유자 앞에 다가가서 보니 활을 놓고 있었다. 유공지사가 자탁유자에게 물었다.

“장수께선 어찌 활을 잡지 않소이까?”

그러자 자탁유자는 말했다.

“오늘 병이 나서 활을 잡을 수 없소.”

유공지사가 그 말을 받았다.

“소인은 윤공지타 님에게 활쏘기를 배웠고, 윤공지타 님은 선생에게

❋
맹자

활쏘기를 배웠습니다. 나는 차마 선생의 기술로 선생을 죽일 수는 없습니다. 다만 임금의 명이 있으므로 전투를 그만둘 수 없습니다."

그러면서 유공지사는 화살촉을 뽑고 화살 네 발을 허공에 쏘고 나서 돌아갔다.

맹자는 유유상종이란 말이 딱 어울리는 이들의 이야기를 통해 사람을 사귀는 법을 이야기해준다. 친구 관계란 모름지기 이래야 한다. 친구는 내가 선택해서 이뤄진 관계다. 친구 모습이 내 모습이고 내 모습이 바로 친구의 모습이다.

우리는 기나긴 목록을 만들어가며 '이런 친구 하나 있었으면' 하고 바란다. 친구니까 그 정도는 해줘야 하는 거 아니냐란 생각을 갖고 있다. 그 내용 중 대부분은 친구가 아니라 노예가 해줘야 할 목록인데도 말이다. 아마 "친구가 자기에게 해주기를 바라는 그 행동을 친구에게 해줘야 한다"는 아리스토텔레스의 말을 듣고 나면 그 목록은 대폭 줄어들 거다.

알고 보면 참된 친구는 우리에게 가장 큰 행운인데 그것을 공들여 얻을 생각을, 정성스럽게 가꿀 마음을 먹지 않는다. 커피숍 직원은 예의 바르게 대하면서 친구는 구겨진 휴지처럼 대하는 게 우리의 모습이다.

콜레트란 사람이 말했다.

"우정이라는 기계에 예의라는 정제된 기름을 바르는 것이 현명한 행동이다." 친구일수록 예의를 갖추라는 말이다.

서양 격언에 이런 게 있다. '참된 친구 한 명은 친척 일만 명과 맞먹는다', '참된 친구보다 더 나은 것은 천국뿐이다'. 그런 친구를 얻는 방법

서른 살 공맹노장이 답이다

은 간단하다. 내가 그의 참된 친구가 되어주는 것이다. 지금 친구가 마뜩
찮다면 나 자신이 마뜩찮은 거다. 그러니 나부터 바뀌어야 한다. 친구가
마음에 들 때까지 나를 바꿔야 한다.

 인이라는 것은 하늘이 내린 높은 벼슬이다. 어질게 행동하지 않는 것
은 지혜롭지 못하다. 어질지 않고 지혜롭지 않고 예와 의를 모르면
남에게 부림을 당한다.
인을 행하는 사람은 활을 쏘는 사람과 같다. 활을 쏘는 사람은 먼저
몸을 바르게 하고 나서 화살을 발사한다. 화살이 명중이 되지 않아도
자기를 이긴 사람을 원망하지 않고 자신을 돌아보아 반성할 뿐이다.
〈공손추 상〉

맹자

인생을 이끌어줄
스승이 없다면

맹자가 말했다.

"공자께서 동산에 올라가 노나라를 작다고 여기셨고, 태산에 올라가 천하를 작다고 여기셨다. 그러므로 바다를 본 사람은 웬만큼 큰 강을 봐도 놀라지 않고, 성인의 문하에서 배운 사람은 아무리 그럴듯한 말을 들어도 관심을 갖지 않는다.

물을 보는 데는 방법이 있으니 반드시 물결을 보아야 한다. 해와 달은 빛을 받아들이는 곳이라면 가리지 않고 반드시 비춘다. 흐르는 물은 빈 웅덩이를 채우지 않고서는 나아가지 않는다."

〈진심 상〉

맹자가 말한 동산, 태산, 바다는 그 다음 구절의 '성인' 얘기를 하기 위해 끄집어 낸 말이다. 성인에게 배운다는 것은 동산, 태산에 오르고 바다를 보는 것과 같다는 거다.

위대한 스승에게서 배운 사람은 보통 사람의 경지를 넘어서게 된다. 공자의 제자 중 한 명인 자로가 그런 예다. 무인 기질이 강했던 그는 공

서른 살 공맹노장이 답이다

자를 처음 만났을 때 "선생이면 다냐?"며 칼을 휘두를 정도로 다혈질에 무례하기까지 했다.

공자 문하에 들어가서도 그 버릇은 도졌다. 자로는 공자와 아홉 살 차이밖에 안 나서 다른 제자들이 하지 못하는 말도 막 해댔다. 공자가 이 나라 저 나라를 떠돌 때는 "군자도 이렇게 어려움을 겪습니까" 하며 투덜거리기도 했다.

안연, 자공과 더불어 공자의 3대 제자로 일컬어지지만 자로는 처음엔 내세울 게 없었다. 안연은 공자의 후계자로 여겨질 만큼 어질고 지혜로웠다. 자공은 지위와 학식이 뛰어나고 재산도 많은 엄친아였다. 이들에 비해 자로는 상대적으로 처졌지만 공자는 그를 이렇게 평가했다.

"난이 일어나 먼 바다로 쪽배를 타고 가게 돼도 나를 무작정 따를 사람은 자로일 것이다."

그만큼 자로의 실천력과 충성심을 높이 샀다.

공자에게 배운 뒤 자로는 완전히 변했다. 그 괄괄하던 사람이『맹자』에서 이런 평을 듣는다. "자로는 남들이 그에게 잘못이 있음을 알려 주면 기뻐하였다." 잘못을 지적당했을 때 상처받지 않고 화를 내지 않는 사람은 드문데 도리어 기뻐했다니 이만저만한 내공이 아니다. 논어에도 "자로는 가르침을 듣고 실천하지 못하면 다른 가르침 듣기를 두려워했다"는 내용이 나온다. 이 정도 되니까 공자에게서 무한 신임을 받은 것이다.

영화 〈굿 윌 헌팅〉에도 좋은 스승을 만나 자아를 찾는 젊은이 이야기가 나온다. 수학에 천재적인 소질을 갖고 있는 윌 헌팅(매트 데이먼)은 MIT 공대의 청소부다. 어느 날 복도 칠판에 출제해 놓은 난해한 증명 문제를 윌 헌팅이 풀어 놓는다. 램보 교수는 그를 가르쳐 보려고 하지만 엇나가기만 한다. 램보 교수는 친구인 심리학 교수 숀(로빈 윌리엄스)에게 윌을 상담해달라고 부탁한다. 숀 교수는 우여곡절 끝에 윌이 의붓아버지에게 밤마다 폭행을 당한 사실을 알아내고는 이렇게 위로한다. "그건 네 잘못이 아니야." 마침내 윌은 뜨거운 눈물을 쏟고는 닫혔던 마음을 연다.

윌이 램보 교수와 숀 교수라는 멘토를 만나 새 삶을 살게 됐듯이 자로 역시 공자라는 탁월한 멘토를 만나 위대한 인물이 될 수 있었다. 우리도 시야를 넓히고 더 높은 세계로 나아가려면 멘토가 필요하다. 일찍이 아이작 뉴튼이 말하지 않았던가. "내가 더 멀리 볼 수 있었던 이유는, 거인의 어깨(앞 선 과학자들) 위에 올라서 있었기 때문이다"라고.

혼다 켄의 『해피 리치』라는 책을 보면 이런 말이 있다.

"멘토란 진검승부를 하는 사람이 마지막 장애를 돌파하지 못할 때 조금 거들어주는 존재다. 일반적으로 스스로 할 수 있는 일 혹은 노력하면 가능한 일은 최선을 다해 보고 그래도 어려울 때 멘토에게 도움을 요청하는 진실함이 배우는 자에게는 필요하다."

짧은 여행길에도 가이드가 필요한데 하물며 그 기나긴 인생길에 가이드 한 명 없이 뛰어드는 건 무모한 일이다. 그러니 본받을 만한 롤 모델은 일찍 찾을수록 좋다. 하나라도 배울 게 있는 사람이 있으면 도시락 싸들고 쫓아다녀야 한다. 현실 속에서 멘토를 찾을 수 없다면 고전이라도 뒤져야 한다. 수많은 거인과 영웅들이 우리의 부름을 기다리고 있다. 그들의 어깨 위에 올라서서 세상을 넓고 깊게 바라보자.

어떤 스타일로
살 것인가

맹자가 말했다.

"백이는 제대로 된 임금이 아니면 섬기지 않았고, 제대로 된 벗이 아니면 사귀지 않았다. 악인의 조정에서 벼슬하지 않았고 악인과 더불어 말을 나누지 않았다. 악인과 더불어 하며 말을 나누는 것을 격식 차린 옷을 입은 채 진흙탕에 앉아 있는 것처럼 여겼다. 마을 사람 중에 관을 바로 쓰지 않은 사람이 있으면 마치 자신이 더럽혀지는 것처럼 여겼다.

유하혜는 더러운 군주라도 부끄럽게 여기지 않고 작은 관직도 하찮게 여기지 않았다. 군주에게 버림받아도 원망하지 않았고 고난을 당해도 근심하지 않았다. 그러면서 말하기를 '너는 너고 나는 나다. 네가 아무리 내 옆에서 옷을 벗고 몸을 드러내는 무례한 짓을 한들 네가 어떻게 나를 더럽힐 수 있겠는가?'라고 했다. 남들과 함께 있으면서도 태연자약하였으며 남이 머물라 하면 머물렀는데, 다른 사람이 만류하는데도 굳이 떠나는 것을 좋게 여기지 않았기 때문이다." 〈공손추 상〉

사람 사는 방식은 천차만별이다. 세상을 어떻게 보느냐에 따라, 그 세상에서 나를 어떻게 자리매김하느냐에 따라 스타일이 다 다른 거다. 맹자는 대조되는 스타일로 살았던 두 명의 인물을 예로 들면서 어떻게 살 것인가, 묻는다.

맹자는 "백이는 청렴한 사람이고 유하혜는 조화로운 사람이다"라고 했다. 그러면서 백이와 유하혜를 공자에 비견할 만한 성인으로 평가했다. 다만 공자는 완벽한 성인으로, 백이와 유하혜는 둘 다 약간의 결점이 있는 성인으로 봤다.

백이는 은나라 시대인 기원전 12세기 경 고죽국이란 작은 나라의 왕자이자 맏이였다. 그의 부왕이 죽으면서 막내 동생인 숙제에게 왕위를 물려주려 했다. 백이는 아버지 뜻을 받들었다. 숙제는 숙제대로 장자가 왕위를 계승해야 한다고 버텼다. 고집 센 두 사람은 차라리 다른 나라로 가자며 당시 세력을 떨치던 서백 창을 찾아간다. 그 바람에 고죽국 왕은 둘째가 이었다.

서백 창이 죽자 그의 아들 희발(나중에 주 무왕이 됨)은 자신이 섬기던 은나라의 폭군 주왕을 치기 위해 군사를 일으켰다. 백이·숙제는 희발을 만류했다. "신하가 임금(은나라 주왕)을 치는 것은 옳지 않다"는 게 그 이유였다. 하지만 전쟁을 막을 수 없게 되자 실망한 백이와 숙제 형제는 수양산에 들어가 고사리만 먹다 굶어 죽었다.

유교적 관점에서 쓴 역사서는 그들을 의인으로 여겼지만, 맹자는 "백이는 마음이 비좁았다"고 평가했다. 백이는 옳지 못한 왕(은나라 주왕)이라도 신하로서 받들어야 한다고 생각했다. 옳지 못한 왕은 갈아치워야 한다는 맹자의 관점에서 보면 백이의 신념은 독단으로 비쳤을 만하다. 어떻

서른 살 공맹노장이 답이다

게 보면 백이는 결벽증에 가까운 성정을 지녔다고 할 수 있다. 결벽증이 있는 사람은 완벽주의, 원칙주의를 신봉하기 때문에 자기 기준으로 봤을 때 잘못된 것은 절대 용납하지 못한다. 그게 마뜩찮았는지도 모르겠다.

유하혜는 춘추시대 초기 노나라의 대부다. 예의가 바르고 언변에 능했던 그는 공자에게도 칭송을 받던 사람이다. 유하혜는 형벌을 관장하는 관리였는데 세 번이나 직위에서 파면되었다. "차라리 다른 나라로 가지 그러시오"라고 권하는 사람들에게 그는 "사람이 무슨 일을 하든 세 번은 쫓겨나지 않겠소?"라고 답했다. 유하혜는 지나치게 너그러워 상대의 잘못을 따져야 할 때도 넘어가주는 성격이었다.

맹자는 "유하혜는 절제하지 못했다"고 말했다. 맹자는 잘잘못을 가리는 시비지심을 인간의 본성이라고 봤다. 그런 점에서 이래도 OK, 저래도 OK하는 게 못마땅했던 것일까? "다 잘했다"고 하는 사람은 맹자가 보기에 인간적으로 모자란 것이다.

맹자의 비교를 통해 우리는 어떤 스타일로 살아야 할까 되묻게 된다. 맹자는 양극단에 선 백이와 유하혜의 아쉬운 점을 지적하면서 묻는다. 그대들은 두 사람 사이의 어느 지점에 서있는가?

 "자기 지조를 굽히는 자가 다른 사람을 바르게 이끌 수 없다."

〈등문공 하〉

맹자

도덕경

노자(기원전 570~479 추정)의 어록, 저자 미상.

물처럼 살자는
노자

동양 사상의 한 축을 공자 맹자로 대표되는 유가 사상이 받치고 있다면 다른 한 축은 노자 장자로 대표되는 도가 사상이 떠받치고 있다. 유가 사상은 현실을 중시한다. 정치에 참여해서 백성을 위해 덕을 베푸는 것을 중요한 목표로 삼는다. 공자와 맹자가 천하를 돌며 군주들을 만난 것도 그 때문이다. 그들은 지금으로 말하면 총리나 장관이 되어 그 나라를 도의가 넘치는 이상국가로 만들고자 했다. 인간의 능력으로 뭔가를 개선해서 새로운 인간 사회를 건설하려고 했다.

그러나 노장으로 대표되는 도가 사상은 현실에 개입하는 것보다는 자연스러움을 중시한다. 스스로 그러한 자연처럼 이 세상도 정치도 스스로 잘 돌아가게 해야 한다고 믿었다. 노자는 자연 그대로로 돌아가 인간 사회를 순수하게 만들 수 있다고 봤다. 그래서 비틀즈의 노래처럼 외쳤다. "Let it be(그냥 내버려 둬)……!"

노자가 보기엔 뭔가를 하려고 하는 것, 그게 바로 문제라는 것이다. 관리가 되어 공직을 수행하는 것, 총리가 되어 관리를 다루는 것, 왕이 되어 백성에게 이것저것 시키는 것, 심지어 누군가를 가르치려 하는 것이 죄다 소용없다는 거다.

그냥 놔두면 세상은 알아서 굴러가게 되어 있다. 우리가 노력한다고 태산의 높이를 한 뼘이라도 높일 수 있나? 우리가 노력한다고 봄여름가을겨울을 바꿀 수 있나? 사는 것이 죽는 것이고 아름다운 것이 추한 것이다. 고양이의 눈 속에 우주가 있고 천군만마를 호령하는 왕도 한순간에 저 세상으로 가는 것을 뭘 그렇게 아등바등 기를 쓰고 살아가는가? 자연스러운 것, 부드러운 것, 물처럼 아래로 아래로 흘러가는 것. 그게 최고의 선이라고 노자는 말한다.

노자는 대략 기원전 570년부터 479년 사이에 주나라에서 살았다고 전해진다. 춘추시대 중기부터 전국시대 초기쯤에 해당하는 시기다. 성은 이李고 이름은 이耳며 자는 담聃이다.

노자의 삶과 관련해서는 여러 가지 설이 있다. 열 살 아래인 공자에게 예를 가르쳤다고도 하고, 주나라에서 황실의 도서관장을 지냈다고도 한다. 심지어 실존 인물이 아니라고 주장하는 이들도 있다.

『도덕경』은 모두 37장으로 이뤄진 상편 '도경'과 44장으로 구성된 하편 '덕경'으로 구성돼 있다. 분량은 5200자 정도밖에 안 된다. A4 용지로 열장 남짓이다. 원문만 읽으면 두 시간도 채 안 걸린다.

도덕경은 노자가 주나라를 떠나면서 성문지기에게 남긴 말을 기록한 것이라고 한다. 『사기 열전』을 보면 "노자는 주나라에서 살다가 주나

서른 살 공맹노장이 답이다

라가 쇠퇴하자 그곳을 떠났다. 그가 함곡관에 이르렀을 때 그곳 문지기 윤희가 '선생님을 앞으로 오래 못 뵐 것 같으니 저를 위해 한 말씀 남겨 주십시오' 했다. 이에 노자는 도덕경을 남겼다"는 구절이 나온다. 하지만 기원전 3세기 경 후대의 학자들이 도덕경을 만들었다는 설도 있으니 뭐가 딱 맞다고 말하기 힘들다.

현재까지 300여종이 전해지는 도덕경은 무척 난해하다고 알려져 있다. 운문 형태여서 내용이 매우 함축적인데다 노자의 인간적 모습이 전혀 보이지 않기 때문이다. 공자의 인간적 면모가 드러나 있는 『논어』 와는 다르다. 언뜻 보면 비슷한 내용을 무한반복 하는 듯해서 그런지도 모른다. 그 말이 그 말 같다. 다 읽고 나면 허무해질 정도다. 그러다 보니 주석서가 중국에만 1,500여종이나 된다. 사람들이 이 현묘한 고전에 얼마나 매료됐는지, 얼마나 제각각 해석했는지 짐작할 수 있다.

궁금하지 않은가? 한 손에 들어오는 이 작은 책이, 난해하기로 유명한 책이, 해석이 분분한 책이 어떻게 동양 사상의 한 축으로 자리매김하게 됐는지. 한 번 읽어 보고 싶지 않은가?

위대한 덕의 모습은 오직 도를 따르는 것이다.
도라는 것은 정말 황홀하다.
홀하고 황하구나! 그 안에 형상이 있음이여.
황하고 홀하구나! 그 안에 질료가 있음이여.
그윽하고 어둡구나! 그 안에 알맹이가 있으니.
그 알맹이는 지극히 참되고 믿음직스럽구나. 〈21장〉

도를
아십니까

❋

도덕경의 첫 문장으로 노자 사상의 알맹이를 담고 있는 구절이다. 도라고 할 수 있는 것은 도가 아니라는 말. 참 애매하다. 마치 말장난 같다. 하지만 말장난 갖고 수천 년 동안 수많은 사람들이 골머리를 앓은 건 아닐 거다.

먼저 '도라고 할 수 있는 것'이란 말부터 따져보자. 이 말은 '도라고 규정할 수 있는 것'이란 말로 볼 수 있다. 그럼 첫 문장은 이렇게 풀 수 있다.

'도가 뭔지는 모르지만 우리가 도라고 이름을 붙이는 것, 우리가 도라고 의미를 부여하는 것, 그것은 진정한 도가 아니다.'

다시 말해 도라는 것은 끊임없이 변화하는, 너무나 거대한 '그 무엇' 인데 어떤 하나의 틀에, 하나의 이름으로 가둬놓으면 안 된다는 것이다. 인간의 좁은 인식으로는 즉 인간의 언어와 개념으로는 다 담아낼 수 없

❋

는, 다 이해할 수 없는 '그 무엇'이 바로 도라는 얘기다.

그 말은 곧 '이름'이 그 실체를 옳게 드러내지 못한다는 뜻이기도 하다. 우리가 '사과'라고 할 때 그 사과는 그것에 이름을 붙인 하나의 표딱지, 그러니까 약속의 기호일 뿐이다. 따라서 이름이 사과의 참된 모습을 올곧게 담아내지는 못한다는 말이다. 결국 여기서 노자가 말하려는 것은, '도란 이러이러한 것이다'라고 말하는 것 자체가, 그걸 분석하려는 시도 자체가 잘못되었다는 것이다.

그럼 도를 지칭하는 '그 무엇'은 뭘까? 바로 '그 무엇'의 내용, 의미, 속성을 하나하나 차근차근 밝히는 과정이 바로 도덕경의 내용이라고 할 수 있다. 실제로 도덕경 첫 문장의 다음 구절에서 '도'의 의미를 밝히고 있다.

무는 천지의 시작을 이른다.
유는 만물의 어머니를 이른다.

이 문장 또한 첫 문장과 마찬가지로 독자를 혼란에 빠뜨린다. 여기서 말하는 무無는 아무것도 없다는 의미 즉 제로(0)를 뜻하는 게 아니다. 천지의 시작을 일컫는 말이다. 유有란 말도 마찬가지. 무언가가 있다, 없다의 차원을 말하는 게 아니라 우주 만물을 뜻한다.

그러므로 무와 유는 다 같은 것이고 그저 이름만 다를 뿐이다. 이렇게 무와 유를 다 아우르는 것, 다시 말해 우주 만물의 생성과 변화 그 자체를 의미하는 것이 바로 '도'라고 받아들이면 된다. 이런 맥락에서 보면 '도'는 우주와 만물을 가능하게 만드는 것이고 우주 만물이 따라야 할 질서라고 봐도 괜찮다. 물론 우주 만물 속에는 인간이 포함되므로 인간이 따라야 할 법도라고 봐도 무방하겠다.

아, 헷갈린다. 이렇게 멍해지는 상태. 노자가 원한 게 바로 이런 게 아니었을까. 논리와 인식이 무너지고, 질서가 깨지는. 그렇다면 노자의 의도는 먹힌 거나 마찬가지다. 이렇게 뭔가를 규정하려 하고 그에 얽매이다 보면 진리를, 인간을, 세상을, 제대로 볼 수 없다는 가르침을 주려는 것은 아닐까? 여기까지 이해했으면 노자 사상의 절반은 얻은 셈이다. 시작이 반이라고 하지 않는가.

뛰어난 사람은 도에 대해 들으면 힘써 행하려 하고
보통 사람은 도에 대해 들으면 정말인지 아닌지 망설이고
못난 사람은 도에 대해 들으면 비웃는다.
웃음거리가 되지 않으면 도라고 할 수 없다.　　　　　　〈41장〉

서른 살 공맹노장이 답이다

내가 알고 있는 게
맞는 것일까

세상 사람들이 아름다운 것을 아는 이유는

추함이 있기 때문이다.

착한 것을 착하다 하는 것은 악함이 있기 때문이다.

그러므로 있음과 없음도 상대가 있어야 존재하는 것.

어려움과 쉬움은 서로를 이루어주고,

긴 것과 짧은 것은 서로 비교가 되고,

앞과 뒤는 서로를 따른다.   〈2장〉

앞에서 인간의 인식과 언어로는 '도'라는 것을 규명하기 힘들다는 노자의 가르침을 배웠다. 도덕경 2장 역시 인간의 인식이 얼마나 불완전한지를 일깨우고 있다.

아름다운 것과 추한 것, 착한 것과 악한 것, 있음과 없음, 어려움과 쉬움, 긴 것과 짧은 것, 앞과 뒤…… 이렇게 어떤 대상을 인위적으로 딱 잘라 규정짓는 것은 불가능할 뿐 아니라 타당하지도 않다는 게 노자의 생각이다.

간단하게 생각해 보자. 아름다움과 추함의 경계를 어떻게 나눌 수 있는가. 사실 아름다움과 추함의 기준은 시대와 장소에 따라 달랐다. 요즘에야 날씬하고 기다란 몸매를 아름답다고 봐주지만 조선시대에는 그런 몸매를 쳐주지 않았다. 여러 개의 링을 걸어 목을 길게 만든 아프리카의 미녀를 우리는 불편하게 보고 있지 않은가? 이 말을 다시 풀어 보자.

"그녀가 아름답다고? 너는 그걸 어떻게 아는데? 세상에 그녀 한 사람만 있다면 과연 네가 그녀를 아름답다고 느낄까? 그녀가 아름답다는 너의 인식은 네가 태어나면서 갖게 된 것일까? 그렇지 않을 거야. 21세기라는 시간과 한국이라는 공간 속에 살면서 갖게 된 편견일 뿐이야. 그동안 네가 자라면서 보고 겪은 것을 토대로 확률적으로 인식하는 것일 뿐이야."

미와 추의 문제만 그런 건 아니다. 무엇이 있다고 할 때 '있음'은 '없음'을 전제로 한다. 마찬가지로 어려움과 쉬움, 긴 것과 짧은 것, 앞과 뒤 역시 상대적이므로 서로 의존하고 보완하는 관계다. 그 관계 또한 불변하는 게 아니라 끊임없이 바뀌어간다.

그러므로 인간 세상의 모든 개념과 가치는 인위적으로 설정한 것이라는 얘기다. 거기에는 반드시 주관적인 집착과 독단적 판단이 깔려 있기 마련이고 그 때문에 논쟁과 분쟁과 경쟁과 투쟁이 끝없이 뒤따른다는 것이다.

이런 점에서 보면 공자와 맹자가 내세운 인, 의, 예, 효, 충이라는 법도 역시 인간이 개입하여 인위적으로 짜 맞춘 것이므로 세상은 여전히 혼란스럽다는 게 노자의 생각이다.

따라서 노자가 생각하는 이상적인 인물 즉 성인은 작위를 배제한 무

서른 살 공맹노장이 답이다

위無爲를 실천한다.

그러므로 성인은 모든 일을 자연스럽게 처리하고
말이 필요 없는 가르침을 행한다.
만물이 잘 자라도록 해 주고도 아무 말 않고,
만물을 낳고도 자기 소유라 주장하지 않는다.
만물을 위해 일을 해도 자랑하지 않고,
공을 쌓아도 그 공을 내세우지 않는다.

위의 인용문에서 보듯 성인은 인위와 작위의 틀에서 벗어나 '스스로 그러한' 자연을 본받아 행동한다. 다시 말해 무위 즉 '하지 않음'으로, 불언 즉 '말하지 않음'으로 행한다. "만물을 위해 일을 해도 자랑하지 않고, 공을 쌓아도 그 공을 내세우지 않는다"는 말도 같은 맥락에서 볼 수 있다.

그러나 업적을 쌓고도 내세우지 않고, 잘나도 잘난 척 하지 않고, 공을 세워도 물러나고, 가득 찼으면 비우라는 말은 아무나 실천할 수 있는 게 아니다. 대부분의 사람들은 자연의 삶, 무위의 삶이 아닌 인간의 삶, 세상 속의 삶을 살기 때문이다.

노자는 결국 이 장에서 우리가 갖고 있는 인식 즉, 사물을 이해하는 방식을 되돌아보고 그에 걸맞은 행동양식, 성인의 행보를 생각해보라고 권한다. 그랬을 때 삶이 흔들리지 않고 충실해지며 타인과의 관계도 원만해진다는 것을 일깨운다.

누군가
나를 함부로 대한다면

가장 훌륭한 것은 물처럼 되는 것이다.

물은 모든 것을 이롭게 하면서 다투지 않는다.

아무도 좋아하지 않는 낮은 곳을 향해 흐른다.

그러기에 물은 도에 가장 가깝다.

물과 같은 사람은

낮은 땅에 잘 거하고

마음 씀씀이는 깊은 연못과 같고

나누며 어질게 대하고

말은 믿음직스럽다.

정의롭게 다스리며

능숙하게 일을 하며

때를 가려 움직이고

서른 살 공맹노장이 답이다

노자 철학은 흔히 '물의 철학'이라고 한다. 이 구절이 그 핵심 내용을 보여주고 있다. 상선약수上善若水라 요약되는 이 구절은 도덕경 중에서 자주 인용되는 내용이다. 간단하게 말해서 도는 눈에 보이지 않지만 눈에 보이는 것 가운데 가장 가까운 게 바로 물이니, 물과 같이 되는 게 최선이라는 뜻이다.

최고의 덕을 갖춘 사람은 물과 같다? 왜? 물은 낮은 곳, 곧 남들이 싫어하는 곳으로 흘러가기 때문이다. 그러면서도 불평불만이 없다. 물은 다투지 않는다. 산이 가로 막으면 멀리 돌아서 가고 바위를 만나도 어루만지듯 감싸며 흘러간다. 다른 사람을 이겨 먹으려고 들지 않는다. 그러면서 만물을 이롭게 한다. 물 없으면 세상의 모든 생명체는 없다. 이렇게 꼭 필요한 것인데도 높은 자리를 고집하지 않고, 스스로 뽐내지도 않는다. 물은 알아서 자신의 길을 간다. 그게 바로 무위無爲이고 자연이다.

노자가 보기에 덕이 있는 사람은 물 같은 사람이다. 물 같은 사람은 베풀기 잘하고 어질고 믿음직스럽고 겸손하다. 하지만 물 같은 존재가 되는 것처럼 어려운 일이 없다. 물의 미덕을 실천하는 것은 불가능에 가깝다. 더군다나 이렇게 살다가는 병신 취급 받기 십상이다. 살아남기 위해 피터지게 경쟁해야 하는 우리 시대에는 특히나 씨가 먹히지 않을 것 같다.

노자의 사상이 형성된 시대는 우리 시대보다 더 각박하면 각박했지

덜하지 않았다. 온 천하가 패권 다툼에 휘말려 백성들은 아무 대책 없이 생명과 재산을 잃던 참혹한 시대였다. 그 시대의 산물이 노자란 것을 생각하면 지금 같은 경쟁시대야말로 노자를 읽어야 할 때가 아닐까 싶다.

남이 함부로 대할 때 우리는 이렇게 말한다. "나를 물로 보는 거야?" 그럼 된 것이다. 나를 물로 보는 상대 앞에서 발끈할 일이 아니다. 물처럼 그냥 웃어줄 일이다. 물처럼 사는 게 얼마나 어려운지 알지 않는가.

겉보기에 강한 것이 약할 수 있고, 물처럼 약해보이는 게 실은 강하다는 노자의 메시지가 담긴 이야기 한 토막. 전설처럼 내려오는 노자와 그의 스승 상용의 이야기다.

노자가 상용을 임종하러 찾아갔다. 상용이 입을 벌리고 말했다.

"뭐가 보이느냐?"

"혀가 보입니다."

"알았지?"

"네."

상용은 만족한 듯 미소를 지으며 눈을 감았다.

상용은 왜 혀를 가리켰을까? 노자는 뭘 알았다는 것인가? 이 대화를 다시 풀어보자.

상용 : 내 입 속을 봐라. 뭐가 남아 있느냐?

노자 : 혀가 남아 있습니다.

상용 : 딱딱하던 이는 다 빠지고 부드러운 혀만 남았다. 알겠지?

노자 : 네. 힘세고 강할 것 같은 이는 생명이 짧고, 무르고 약할 것

서른 살 공맹노장이 답이다

같은 혀는 끝까지 남으니, 삶도 이와 같다는 말씀이시지요?

　　상용 : 맞다, 맞다. 허허허. 나 이제 간다.

좋은 사람은 좋지 않은 사람의 스승이다.
또 좋지 않은 사람은 좋은 사람의 거울이다.
스승을 귀하게 여기고 거울을 아껴라.
그렇지 못한 사람은
지혜로워 보여도 실은 어리석은 것이다.　　　　　〈27장〉

지금
잘나가고 있다면

넘치도록 가득 채우는 것보다

적당할 때 멈추는 것이 좋다.

너무 날카롭게 다듬어 놓으면

쉬 무디어지리니.

집에 금과 옥이 가득 차면

지킬 수가 없고,

재산이 많아지고 지위가 높아지면

재앙을 자초하게 된다.

일을 이루었으면 물러나는 것이

하늘의 도이다.   〈9장〉

우리나라 방송사상 최장수 텔레비전 드라마는 MBC에서 방영된 〈전원일기〉다. 22년 동안 방영된 이 드라마를 처음 연출한 사람은 이연현 프로듀서다. 1980년, 그가 농촌을 소재로 한 드라마를 준비하던 중 수필집 『흙과 별들의 대화』를 읽게 됐다. 이 책에는 농사를 지으면서 글

 서른 살 공맹노장이 답이다

도 쓰는 30대 작가 김성제 씨의 에세이 '박수 칠 때 떠나라'가 실려 있었다. 독재정권을 유지하다 부하의 총에 비극적인 최후를 맞이한 박정희 전 대통령에 대한 아쉬움을 담은 글이었다.

이연현 PD는 〈전원일기〉의 첫 대본을 김성제 씨에게 의뢰했지만, 방송국 내부 회의에서 거부당했다. 다시 관록 있는 작가를 찾던 이PD는 당시 잘나가던 희곡작가 차범석 선생을 만나게 됐고, 차 선생은 '박수 칠 때 떠나라'라는 제목으로 첫 회 대본을 썼다.

양촌리라는 농촌 마을 사람들의 갈등과 화해를 훌륭하게 그려낸 첫 작품 이후 차 선생은 1년 동안 전원일기 대본을 썼고, 큰 호응을 얻으며 인기 드라마의 반열에 올려놓았다. 정확히 48주 분의 작품을 쓰고 나서 차 선생이 이PD에게 전화를 했다.

"이제 〈전원일기〉는 그만 쓰렵니다."

"아니, 왜요? 지금 반응이 너무 좋습니다. 연기자들도 모두 최고로 캐스팅했고, 차 작가님도 너무 잘 해 오셨잖아요. 방송국 내부에서도 모두 지지하고 있는데……."

"이PD 지난 해 첫 방송 때 제목이 뭔지 기억납니까?"

"그게……."

"'박수 칠 때 떠나라'였지요, 아마."

"아, 그렇네요."

"그러니까 시청자도 좋아하고 평론가들도 잘했다고 칭찬하고, 큰 상도 받았고, 지금 모두 내 작품에 박수 치고 있지 않소? 그러니 이때 떠나겠다는 거요. 좋은 작가들 많으니 새로 구해 보시오."

연출자는 바로 차 선생 댁으로 찾아갔다.

"혹시 원고료가 적거나 무슨 다른 이유가 있습니까?"

"어허, 이렇게 내 맘을 모르다니. 인생이란 게 그런 거예요. 좀 더 먹고 싶을 때 숟가락 놓는 게 건강 비법이라니까. 박수 받을 때 떠나는 것, 미련을 짓깨무는 용기, 나는 지금 그걸 실천하고 있는 거요."

차 선생은 그렇게 미련 없이 최고의 드라마 작가 자리에서 물러났다. 노자가 말한 대로 '가득 채우는 것보다 적당할 때 멈추는 것'을 실천한 것이다.

차 선생의 결정은 별일 아닌 것처럼 보일지 모른다. 하지만 결코 그렇지 않다. 공직자 청문회를 할 때마다 구설에 오르는 사람들을 보라. 검증 과정에서 온갖 흠이 드러나도 억울하다며 버티는 이들이 좀 많은가. '일을 이루었으면 물러나는 것'이란 가르침을 배우지 못했기 때문이다. 저급한 미련 때문에 자신을 망가뜨리는 사람들을 보면서 배워야 할게 바로 이런 것이다.

 회오리바람도 아침 내내 불지 않고
소나기도 하루 종일 내리지 않는다.
누가 하는 일인가?
자연이 하는 일이다.
자연도 이처럼 오래 일할 수 없거늘
하물며 사람이 어떻게 쉬지 않고 일만 하겠는가? 〈23장〉

 서른 살 공맹노장이 답이다

사는 게
편안하고 행복할 때

❋

영화 〈레 미제라블〉의 여 주인공 판틴은 공장에서 일한다. 작업반장의 총애를 받는 그녀는 미모가 뛰어나다. 장점은 곧 단점인 법. 반장의 총애를 받는다는 그 이유 때문에 다른 여자 일꾼들에게 시기와 질시를 한 몸에 받는다. 여자들은 이렇게 수군거린다.

"예쁜 것들이 뒤에서 호박씨를 까지. 작업반장한테 꼬리치는 것 좀 보라니까."

사실은 작업반장이 주로 판틴에게 수작을 건다.

"사생아를 낳고 돌보지도 않는데."

❋

사실은 아는 사람에게 돈을 줘가며 맡겨 두었다.

"밤에는 몸까지 판다지?"

판틴은 몸을 판 적이 없다.

결국 판틴은 여자들의 모함으로 작업반장에게 찍혀 공장에서 쫓겨난다. 레 미제라블(불어로 불쌍한 사람들이라는 뜻)이 넘쳐나는 뒷골목에서 그녀는 어쩔 수 없이 매춘의 길로 들어선다. 공장 동료들의 말대로 된 것이다. 판틴은 추운 거리에서 딸의 양육비를 벌다 병에 걸려 죽고 만다.

판틴의 운명에서 보듯 윗사람에게 총애 받는 사람은 한편으론 위험하다. 사람들은 그의 행동을 주시하고, 어떻게 하면 넘어뜨릴까 궁리하기 때문이다. 조광조는 중종의 총애를 믿고 개혁을 추진하다 죽임을 당했고 홍국영은 정조의 총애를 업고 권력을 휘두르다 팽당했다.

왕의 총애뿐 아니라 백성의 총애도 경계의 대상이었다. 이순신은 연전연승하며 백성들의 지지를 받았다. 의심 많은 선조는 이순신이 민심의 지지를 등에 업고 역심이라도 품으면 어찌 하나 싶어 하루아침에 장수의 지위를 빼앗고 병사로 강등시켰다. 학교에서도 마찬가지 아닌가? 선생의 총애는 곧 다른 학생들의 증오를 부른다.

노자는 그래서 '총애를 받으면 놀라워하며 경계하라'고 말했다. 누군가에게 총애를 받으면 우리는 그의 비위를 맞추게 되기 쉽다. 그것은 곧 자신의 인격적 독립을 무너뜨리는 결과로 이어진다. 뿐만 아니라 한쪽이 사랑을 받게 되면 다른 한 쪽은 수모를 받게 마련이다. 둘은 동전의 양면이다. 어찌 보면 사랑받는 것이나 수모를 받는 것이나 마찬가지라는 말처럼 들린다. 기쁨이나 슬픔, 복이나 화, 구원이나 타락이 모두 마찬가지라는 초월의 철학이 도덕경 13장에 담겨있는 셈이다. 노자는 또 이렇게 말한다.

이 대목은 무슨 뜻일까? '살아있으면서 근심하는 게 죽는 것보다 낫다'는 의미일까? 아니면 '근심을 귀하게 여겨 앞으로 살아갈 인생의 밑거름으로 삼으라'는 뜻인가? 도올 김용옥 선생은 〈노자와 21세기〉라는 방송 프로그램에서 후자로 해석했다.

우리의 질병은 생명이 있기 때문에 생겨난다. 근심 또한 우리가 살아있기 때문에 생겨나는 것이다. 따라서 근심을 다 없앨 순 없지만 줄이고 싶다면 생명을 소중히 여기고 생명이 스스로 그러한 질서와 법칙에 따르도록 해야 한다.

그것은 일시적인 충동이나 감정에 휘말리지 않도록 경계해야 한다는 말이기도 하거니와 편안하고 잠잠할 때도 항상 조심해야 한다는 말이기도 하다. 결국 군자는 생명이 모든 것의 근원임을 알고 생명이 자연스럽게 작동할 수 있도록 스스로를 삼가야 한다는 말로 정리할 수 있겠다.

생명은 이렇게 포괄적인 의미로 봐야 하겠지만 우리가 흔히 말하는 생명 즉 목숨을 보전하는 차원에서도 우리 몸을 함부로 굴리지 말아야 한다. 우리 정신도 아무렇게나 작동해서는 안 된다고 이해하면 되겠다.

발뒤꿈치를 들고 서 있는 사람은
오래 서 있지 못하고
다리를 너무 벌리는 사람은
잘 걷지 못한다.
스스로를 드러내려는 사람은
밝게 빛날 수 없고
스스로 옳다고 하는 사람은
돋보일 수 없다.
스스로 자랑하는 사람은
그 공로를 인정받지 못하고
스스로 뽐내는 사람은
오래 가지 못한다.
도의 관점에서 보면 이런 일들은
밥찌꺼기나 군더더기 같은 행위일 뿐
모두가 싫어하는 것이다.
도를 깨달은 사람은
이런 일에 집착하지 않는다.　　　　　　　〈24장〉

욕심이
끝없이 생길 때는

✳

　사람의 탐욕은 왜 끝이 없을까? 미하이 칙센트미하이라는 미국의 심리학자는, 『자기 진화를 위한 몰입의 재발견』이란 책에서 자신이 이룬 것에 만족하지 못하는 상태를 '파우스트 식 불만'이라 했다. 괴테의 명작 『파우스트』에서 주인공 파우스트는 엄청난 학문적 성취를 이룬 대학자임에도 다시 젊어지고 싶은 욕망 때문에 자기의 영혼을 판다. 자신의 현재에 만족하지 못하고 또 다른 좋은 것을 추구하는 파우스트처럼, 인간의 마음은 끊임없이 여건을 개선하라는 내적인 명령을 따르려고 한다. 지금의 상태를 유지하려면 더 많이 애써야 한다며 우리를 부추기는

✳

것이다.

　인간은 기본적으로 탐욕스런 존재이기 때문에 자본주의란 괴물이 탄생했는지도 모른다. 1억 원을 모은 사람은 10억 원을 목표로 하고, 10억을 번 사람은 100억을, 100억을 가진 사람은 1000억을 바란다. 최종목표란 것은 없다. 더 많이 가져야 만족할 수 있다는 착각 속에 끝없이 달려간다. 그러나 노자는 말한다. "많이 갖는 게 중요한 게 아니라 만족하는 게 중요하다"고.

　알렉산더 대왕은 당시 '전세계'라고 알려진 땅 덩어리를 거의 다 차지했지만 조금만 더, 조금만 더를 외치다가 바빌론에서 열병에 걸려 죽었다. 반면 그의 부하 프톨레마이오스는 알렉산더가 정복한 땅의 10분의 1에 불과한 이집트 나일강 유역밖에 하사받지 못했지만, 알토란처럼 잘 운영했다. 프톨레마이오스 왕조는 300년 동안 대대손손 이집트를 지배했다. 살아서는 왕 대접을 받았고 죽어서는 신으로 추앙받았다. 누가 더 잘 산 것인가?

　세계의 지배자 알렉산더는 철학자 아리스토텔레스의 제자여서 그랬는지 특히 철학자들을 존경했다. 알렉산더가 그리스의 철학자 디오게네스를 찾아가 "선생님! 소원이 있으면 말씀해 보십시오. 다 들어드리겠습니다"라고 말했을 때 디오게네스는 이렇게 대답했다.

　"옆으로 좀 비켜주시게."

　"네?"

　"자네가 지금 해를 가려서 내 일광욕을 방해하고 있거든."

　가난해도 만족할 줄 아는 것이 행복이라는 철학을 갖고 있던 디오게

네스다운 반응이었다. 노자 선생님이 그 자리에 있었어도 이렇게 말씀
하셨을 거다.

"알렉산더야, 지족자부知足者富니라! 족함을 아는 사람만이 진짜 부
자니라."

디오게네스가 한 말의 진짜 뜻을 이해했으면 알렉산더의 최후는 달
라졌을지 모른다. 세계사 역시 바뀌었을 것이다.

 서른 개의 바퀴살이 한 군데로 모여 바퀴를 만드는데
그 가운데 아무것도 없으니
수레를 끌 수 있는 것이다.

흙을 빚어 그릇을 만드는데
그 가운데가 텅 비어 있으니
그릇으로 쓸 수 있는 것이다.

문과 창을 뚫어 방을 만드는데
가운데가 거침없으니
드나들 수 있는 것이다.

있음은 이로움을 위한 것이고
없음은 쓸모를 위한 것이다.   〈11장〉

진정으로
나 자신을 알고 싶다면

남을 아는 것이 꾀라면

자기를 아는 것은 명철이다.

남을 이기는 자는 힘이 센 것에 불과하지만

자기를 이기는 자는 진정 강한 자이다.　　　　　　　〈33장〉

훌륭한 덕이 있는 사람은

자기의 덕을 의식하지 않는다.

그러기에 정말로 덕이 있는 사람이다.

덕이 조금밖에 없는 사람은

자기의 덕을 의식한다.

그러기에 정말로 덕이 없는 사람이 된다.　　　　　　〈38장〉

　　중국 선불교의 전설적인 인물 혜능 선사638~713가 쓴 책으로 『육조단경』이 있다. 이 책에는 출가와 깨우침에 대한 드라마틱한 이야기가 실려 있다.

선불교는 인도 출신의 달마스님이 서기 470년 중국에 포교하면서 시작되었다. 달마를 1대조로 삼아 제자들에게 교조 자리를 물려주었는데 5대조 홍인 대사에 이르렀을 때의 일이다. 홍인도 후계자를 선택해야 할 때가 되자 제자들을 불러 놓고 말했다.

"각자 지혜를 모아 게송 하나씩을 지어 오너라. 크게 깨우친 사람이 있으면 내 법과 가사를 전하고 제 6대조로 삼겠다."

제자들은 그 말을 반기면서도 한 편으로는 실망했다. 홍인의 수제자이자 제자들을 가르치는 교수 승려인 신수가 후계자가 될 게 뻔했기 때문이다. 신수는 불심이 깊고 신중한 사람이었다.

그러나 신수는 나흘 동안 열세 차례나 홍인에게 게송을 바치러 갔다가 발걸음을 돌렸다. 게송을 바치자니 6조 자리를 탐낸다는 비난이 두려웠고 바치지 않자니 스승에게 마음을 알릴 길이 없어서였다. 이럴 게 아니라 스승님이 지나는 복도 앞에 게송을 붙여 놓자! 신수는 이렇게 생각하고 법당 복도에 게송을 써 놓았다.

이 몸은 보리수
마음은 맑은 거울 틀
부지런히 가꾸고 닦아
때 묻지 않게 하리.

제자들은 "역시 신수!"라며 홍인이 후계자로 낙점하기만 기다렸다. 홍인은 게송을 보고 제자들에게 "좋은 말이다. 이 말에 의지해 불도에 정진해라" 하고는 신수를 따로 불러 말했다. "넌 아직 깨달음에 이르지 못했다."

당시 혜능은 절에 들어온 지 8개월째인 애송이 승려로 허드렛일을 하고 있었다. 그는 남해라는 지방 출신이었는데 선배 승려들에게 '남쪽 오랑캐'라고 놀림을 받는 처지였다.

혜능은 배우지 못한 사람이었다. 홀어머니 밑에서 자라 어른이 될 때까지 나무를 해서 내다 파는 일로 연명했다. 스물네 살 때 시장에서 우연히 금강경의 한 대목인 "마땅히 머무는 바 없이 그 마음을 낼지니라"라는 말을 듣고 깨우친 바가 있어 홍인이 주지로 있던 동선사에 들어갔던 것이다.

혜능이 나무를 하고 돌아와서 사람들이 소곤거리는 것을 보고 물었다. 제자들이 "신수가 게송을 썼다"고 하자 일자무식인 그가 읽어달라고 부탁했다. 누군가 신수의 게송을 읽어주었다. 혜능은 잠시 생각하다 자기의 게송을 대신 써 달라고 했다.

보리는 본디 나무가 아니고
거울 또한 틀이 없다
본래 아무것도 없는데
어디에 때가 묻겠는가

도덕경 38장엔 '가장 훌륭한 덕은 덕이라 하지 않기에 진정 덕이 있다'고 되어 있다. 1장의 '도라고 말할 수 있으면 도가 아니다'의 동어 반복이다. 이런 관점에서 혜능의 게송을 보면 내 몸을 보리수라 규정하고, 내 마음을 거울이라는 틀 안에 가두어 두는 것, 그것은 이미 도

서른 살 공맹노장이 답이다

나 덕을 벗어나는 행위라는 것이다. 혜능이 말한 것처럼 나무와 거울이라는 경계에 구애받지 않고 '아무것도 아닌 듯 있는 것'이 도와 덕의 궁극이라는 것이다.

이 글을 본 홍인은 "이 또한 아직 멀었다" 하고는 몰래 혜능을 찾아와 지팡이로 땅을 세 번 두드렸다. 혜능은 그 뜻을 짐작하고 한 밤중인 삼경에 홍인을 뵈러 갔다.

"너는 불법을 전해 받을 만하다. 다만 다른 이들이 오랑캐인 너에게 계승한다고 시기하여 너를 해할까봐 염려된다. 이 길로 이곳을 떠나 정진하여라."

홍인은 혜능에게 가사袈裟를 건네주고 그를 위해 게송을 지어주었다. 무식한 행자 혜능이 똑똑한 모범생 신수를 물리치고 홍인의 후계자이자 선불교 6대조에 선정되는 순간이었다.

신수는 자신의 몸과 마음을 닦아 훌륭한 승려가 되겠다는 다짐으로 게송을 지었다. 기존의 사고 틀에서 벗어나지 못한 것이다. 자기 이야기를 했지만, 자신에게 기대를 걸고 관찰하고 있던 홍인과 다른 제자들을 염두에 둔 것이다. 그는 여전히 참된 자아를 인식하지 못했고 홍인은 바로 그 점을 지적했다.

혜능은 절에서 차별을 당했고 잡일만 했으나 '사람의 본성이 곧 불성'이라는 걸 알고 있었다. 그의 게송은 참 자아를 정확히 관찰한 뒤에 나온 것이었다. '자기를 아는 명철'을 바탕으로 '자기의 덕을 의식하지 않는 덕'을 가진 사람만이 할 수 있는 말이었다. 홍인대사는 혜능의 순수한 깨달음을 높이 샀다. 신수가 남을 아는 단계에 머무른 반면 혜능은 자신을 알고 그 자신을 뛰어 넘은 수준이라고 봤기 때문이다. 인류가 추구하는 지고의 가치를 도라고 한다면, 혜능의 도가 참된 도에 더 가까운 것이었다.

이렇게 써놓고도 아직도 어렵다. 마치 산에서 길을 잃은 사람처럼 노자의 텍스트 안에서 제자리걸음을 하게 된다. 하지만 큰 깨달음은 이런 과정을 거쳐야 오는 것이다.

 진짜 아는 사람은 말을 많이 하지 않고
말을 많이 하는 사람은 진짜 아는 게 아니다.　〈56장〉

 서른 살 공맹노장이 답이다

명예롭게
살고 싶은가

❋

귀한 것은 천한 것을 근본으로 하고
높은 것은 낮은 것을 기초로 삼는다.
이런 까닭에 왕과 제후는 스스로를
'고아 같은 사람'
'짝 잃은 사람'
'보잘 것 없는 사람'이라 부른다.
이것이 바로 천한 것을 근본으로 하는 것 아니겠는가?

알량한 명예를 지키려다간
명예 자체가 사라져 버린다.
옥구슬처럼 영롱해지려 하지 말고
돌처럼 소박한 존재가 되라.　　　　　　　　〈39장〉

영국의 베스트셀러 작가인 알제이 엘로리는 자신의 알량한 명예를
지키려다 명예 자체를 잃었다. 엘로리는 '2010년 올해의 범죄소설상'을

❋

받은 영국의 유명 작가다. 그의 대표작『그는 천사를 믿었다』는 한국에
도 알려져 있다.

　그런데 이 사람 무슨 생각이었는지, 온라인에 익명으로 자신의 작품
에 대해 극찬을 했고 경쟁 작가들의 작품에 대해서는 혹평을 썼다. 인터넷
서점인 아마존 홈페이지에 자신의 작품인『그는 천사를 믿었다』에 평점
최고점수인 별점 5개를 주었고 "현대의 걸작"이라느니 "오싹하게 만드는
작품"이라는 낯간지러운 평을 남겼다. 반면 자신과 경쟁 관계에 있는 작
가인 마크 빌링엄과 스튜어트 맥브라이드 등의 작품에 대해서는 "영국에
널린 흔한 범죄 소설 중 하나일 뿐"이라는 댓글을 남겼다.

　엘로리의 이런 몰상식한 행위는 또 다른 작가인 제러미 던스가 트위
터에 폭로하면서 밝혀졌다. 동료 작가들과 독자들은 트위터와 블로그 등
에 엘로리를 비난하는 글을 올렸고 엘로리는 기자 회견을 열어 "이런 식
으로 개인적인 견해를 퍼뜨린 것은 판단 착오다. 진심으로 후회하고 독
자와 동료 작가들에게 사죄한다"고 밝혔다.

　폭로자인 던스는 텔레그래프 지와의 인터뷰에서 "엘로리 개인을 공
격한 것이 아니다. 작가가 자신의 작품을 자화자찬하고 다른 성실한 작
가의 작품을 익명으로 혹평하는 작가 사회의 한심한 관행이 폭로되길 원
했다"고 밝혔다.

　명예란 무엇인가? 스피노자는『에티카』란 책에서 '명예는 다른 사람
에게 칭찬받을 만한 행동을 했을 때 우리가 느끼는 기쁨'이라고 했다. 평
범한 우리들 역시 일상 속에서 때로 명예로운 언행을 할 때가 있다. 하지
만 노자는 스스로를 내세우는 사람은 그나마 가진 명예마저 잃게 된다고
경고한다. 엘로리는 노자를 읽었어야 했다.

잘 나갈수록 조심 또 조심해야 한다. 고대의 왕들은 그래서 스스로를 '못난 사람'이라고 불렀다. 나는 이 구절을 읽고 아침에 거울을 볼 때마다 마음속으로 이렇게 되뇌었다.

"나는 부족한 사람이다. 나는 못난 사람이다. 나는 고아 같은 사람이다."

 하늘과 땅은 어질지 않다.
모든 것을 짚으로 만든 개처럼 여긴다.

하늘과 땅 사이는 비어있다.
비어 있지만 끝이 없이 차 있다.

말이 많으면 궁지에 몰린다.
조용히 중심을 지켜라.　　　　　　　　　　　　　　〈5장〉

가야할 길이
너무 멀다고 느껴질 때

어려운 일을 하려면

그것이 쉬울 때 해야 하고

큰일을 하려면 작은 일부터 해야 한다.

세상에서 제일 어려운 일도

반드시 쉬운 일에서 시작되었고,

세상에서 제일 큰일도

반드시 작은 일에서 시작되었다.

성인은 일을 크게 벌이지 않기에

끝에 가서는 큰일을 이룬다.

무릇 쉽게 승낙하는 사람은 신뢰하기 어려운 법이고

사태를 너무 쉽게 보는 사람은 반드시

난관을 맞이하기 마련이다.

이런 이치 때문에 성인은 오히려 모든 일을 어렵게 대한다.

그래서 끝까지 어려움이 없게 되는 것이다.

〈63장〉

서른 살 공맹노장이 답이다

‘나비효과’란 게 있다. 미국의 기상학자 에드워드 로렌츠가 고안한 이론인데, 브라질에 있는 나비의 날개짓이 미국 텍사스에 토네이도를 일으킬 수도 있다는 과학이론이다. 이 이론은 물리학에서 말하는 카오스 이론의 토대가 됐는데 우리 삶에 적용해도 무리가 없을 거 같다. 아주 사소한 것이 나중에 매우 큰 결과를 만들어낼 수 있다는 점에서 말이다.

캐나다와 미국의 국경선에는 전 세계 관광객을 불러 모으는, 저 유명한 나이아가라 폭포가 있다. 높이가 48m나 되고 너비가 900m에 이르는 이 거대한 폭포 위에 다리를 놓자는 ‘미친’ 제안이 나온 것은 지금으로부터 170여년 전의 일이다. 그 지역 출신의 정치인이 폭포 인근에 테마파크를 만들면 관광객이 몰려들 것이라는 아이디어를 낸 것이다.

테마파크를 만들자면 관광열차가 다닐 수 있는 현수교가 필요했다. 하지만 유럽과 북미의 교량 전문가와 공사 감독들은 폭포 현장 앞에서 그만 기가 질리고 말았다. 폭포 양쪽은 온통 절벽 투성이였고 강물도 엄청나게 빨리 흘러 배를 띄울 수 없었기 때문이었다.

공사 책임자인 찰스 엘렛 주니어는 강을 가로지르는 기본 케이블을 놓아야 하는데 마땅한 방법을 찾지 못해 허송세월만 하고 있었다. 어느 날 그 앞에 현지 주민이 나타나 생뚱맞은 아이디어를 내놓았다. 그 아이디어는 별 게 아니었다. 큰 연에 줄을 매 강 건너로 날려 보내자는 것이었다.

찰스는 가만히 생각하더니 기쁜 표정으로 무릎을 쳤다. 당장 거금 10달러를 상금으로 내걸고 연날리기 대회를 열었다. 하지만 연을 강 건너로 보내는 것조차 쉬운 일이 아니었다. 툭하면 바람이 불고 비가 쏟아지고 강폭 또한 너무 넓었다. 몇 달 동안 수많은 도전자들이 연날리기에

매달린 끝에 마침내 미국의 한 소년이 직경 1.3cm의 줄을 연에 매 강
건너편으로 넘기는 데 성공했다.

그 연줄이 다리를 놓는 첫 출발점이 되었다. 연줄에 코일을 매달아
잡아당겼고, 다음에는 아주 가는 코일에 약간 더 강한 철사를, 그 다음
에는 철사에 밧줄을 매달아 당겼다. 마지막에는 밧줄에 쇠로 만든 케이
블을 매달아 잡아당겼고 이렇게 해서 만들어진 쇠줄을 이용해 구름다리
를 놓았다. 공사를 시작한 지 7년 뒤인 1855년 마침내 244m 되는 협곡
위에 우람한 현수교 '레인보 브리지'가 위용을 나타냈다. 그 위로 관광
객을 실은 유람열차가 다리 위를 통과했다. 거대한 굉음과 하얗게 피어
오르는 물안개, 그 위로 떠오르는 무지개를 감상하게 된 것이다.

도저히 실현 불가능해 보이던 기적 같은 일도 이렇게 가느다란 연
줄 하나에서 시작되었다. 작은 게 하나하나 쌓이면 거대해지고 천릿길
도 한 걸음부터다. 마더 테레사는 이렇게 말했다.

"우리는 위대한 일은 할 수 없다. 그저 위대한 사랑으로 작은 일들
만 할 수 있을 뿐이다."

지상의 모든 위대한 일은 이렇게 조금씩 조금씩 이루어지는 것이라
고 노자 선생님은 말씀하신 것이다.

 휘어야 온전할 수 있고, 구부려야 곧게 된다.
움푹 파여야 채워지고 헐고 나야 새로 세울 수 있다.
줄이면 얻게 되고 늘리면 마음이 어지럽다.　　　　　　　　〈22장〉

　　　　　　서른 살 공맹노장이 답이다

인생의 부자가
되고 싶다면

믿음직스러운 말은 아름답지 않고

아름다운 말은 믿음직스럽지 않다.

착한 사람은 따지지 않고

따지는 사람은 착하지 않다.

진실로 아는 사람은 박식할 수 없고

박식한 사람은 진실로 알지 못 한다.

성인은 자기를 위해 쌓아놓지 않고

다른 사람에게 모두 베푸는데

자기가 오히려 더 갖게 된다.

다른 사람에게 모두 줘 버리는데

자기 것은 더 많아진다.

자연의 도는

이롭게 할 뿐 해를 끼치지 않는데

인간의 도는

일을 하면서도 그것에 대해 생각하지 않는다.　　　〈81장〉

도덕경

81장은 도덕경의 마지막 장이다. 말하자면 결론 부분이다. 이 인용문은 다시 한 번 천천히 읽어 보길 바란다. 해설도 해석도 필요 없다. 구구절절 옳은 말이다. 앞 뒤가 논리적으로 연결이 되지 않아도 상관없다. 앞부분은 순수와 진정성에 대해, 중간은 '베푸는 것'에 대해, 마지막은 자연과 인간의 도에 대해 언급한다.

도덕경에는 이렇게 개연성 없이 연결되는 부분이 종종 등장한다. 33장은 앞 부분에서 '자아 발견'을 말하다 뒤 쪽에선 '만족을 아는 것이 부'라는 말로 끝난다. 28장은 '남성다움과 여성다움'으로 시작해서 갑자기 '훌륭한 지도자론'으로 끝맺는다. 핵심 메시지가 뭔지 헷갈린다.

그렇다고 이런 걸 무조건 비논리적이라고 말할 건 아니다. 논리적으로 생각한다는 것은 서양식 사고방식의 한 갈래일 뿐이다. 그 방식은 한편으로는 앞뒤가 딱딱 맞는 거 같지만 앞뒤가 딱딱 맞을 때나 적용 가능하기 때문에 다른 한편으로는 불완전한 것이다. 아리스토텔레스는 '자연의 모든 것은 어떤 목적을 위해 존재한다'고 했다. 꽃이 피는 것은 열매를 맺기 위한 것이고, 열매를 맺는 것은 씨를 퍼뜨리기 위해서라는 식이다. 물이 증발하는 것도 얼음이 어는 것도 모두 합목적성, 딱 떨어지는 논리적 당위성이 있어야 한다는 것이다.

하지만 노자는 '무엇을 위해서 존재하거나 뭔가를 하려 하지 말라'는 메시지를 전한다. 합목적성, 논리적 당위성 같은 건 안중에 없다. 그저 목적을 두지 않는 행위, 자연스럽게 존재하는 것이 최선이라는 것이다.

81장 중에서 무엇보다 내게 인상적으로 다가온 대목이 있다.

"성인은 자기를 위해 쌓아놓지 않고

✿

이 구절을 읽고서 나는 막연했던 노자의 말이 눈앞에 환하게 펼쳐
지는 것 같았다. 캘리포니아 샌 버다니노에서 만난 가이드 로버트 리가
생각났던 것이다. 그는 라코타 인디언의 후손이다. 리는 어렸을 때부터
'튀지 말라'는 교육을 받았다고 했다. 개인의 성취보다는 집단의 목표가
먼저이며 늘 정직하고 명예롭게 행동하도록 가르침을 받았다.

라코타 부족은 좋은 일, 영광스러운 일, 상 받는 일이 생겼을 때, 자
기가 가진 귀한 것 중 하나를 어린이나 가난한 사람 또는 나이든 사람에
게 주는 전통이 있다고 했다. 그래서 부족의 리더는 가장 가난한 사람 중
에서 뽑았다. 부족을 위해 일을 많이 해서 상을 받으면 그 상을 다른 사
람에게 줘 버려야 하기 때문이다. 이런 모순 아닌 모순이 어디 있는가.

로버트 리의 고조 할아버지도 마을의 추장이었다. 할아버지는 젊은
시절에 말 타기도 잘하고 사냥도 잘했다. 익사할 뻔 했던 친구를 구한 적
도 있고 야생마를 잘 길들여 상을 탄 적도 있다. 전사로서 상으로 받은
것들을 모두 이웃에게 줘 버려서 그가 추장이 될 때는 정말 가난했다고
한다. 부족민들이 할아버지를 추장으로 추대하기 위해 그의 천막을 방문
했을 때는 토기 그릇 하나와 오래 된 도끼 한 자루밖에 남아있지 않았다.

나를 가이드하던 날 리도 나에게 양모로 된 웃옷을 한 벌 내밀었다.

"어제 딸 아이가 주 음악대회에서 상을 받았거든요. 당신은 그리고
나서 만나는 저의 첫 고객입니다."

라코타 인디언 부족은 도덕경의 교훈을 실천하며 살고 있다. 다른

사람에게 베풀 때 오히려 더 큰 부자가 된다는 메시지를 알고 있었던 것이다.

투박하더라도 믿음이 가는 사람이 되는 것, 따지지 않는 착한 사람이 되는 것, 진실한 마음으로 베풀면서 사는 것, 이런 것이 바로 노자 선생이 꿈꾸는 삶과 세상이 아닐까.

 훌륭하다는 사람을 떠받들지 않으면
사람들이 분열해서 다투지 않는다.
귀중하다는 것을 귀하게 여기지 않으면
사람들이 훔치지 않게 된다.
탐낼 만한 것을 보여주지 않으면
사람들의 마음이 산란해지지 않는다. 〈3장〉

 서른 살 공맹노장이 답이다

장자

장자(기원전 369~286 추정)의 어록. 장자 지음.

지혜로운 뻥쟁이
장자

『장자』는 거대한 스토리텔링 교과서다. 내 생각에는 인문 고전이라기보다는 판타지와 우화에 가깝다. 재미있는 옛날 이야기라고 생각해도 된다. 허를 찌르고 통념을 깨는 이야기로 구성한 이 책의 분량은 6만 5천여자 정도다. 도덕경이 5200여자인 것과 비교하면 꽤 많은 편이다. 크게 내편 7장, 외편 15장, 잡편 11장 등으로 나뉜다.

이 책은 서양에서도 인기가 높다. 철학자 마틴 부버, 하이데거는 장자의 애독자였다. 헤르만 헤세는 "중국의 사상을 다룬 책 중에 가장 매력적인 책"이라고 말했다. 장자의 상상력과 통찰력이 그만큼 뛰어나다는 얘기다. 동양 고전이 어렵고 지루하다고 느끼는 사람이라면 『장자』부터 읽어 보기를 권한다.

장자는 기원전 372년 몽蒙 지역, 지금의 하남성 상구 근방에서 태어났다. 이름은 주周다. 장자를 장주라 부르는 건 이 때문이다. 맹자와 비슷한 시기를 산 장자는 한때 옻나무 밭을 관리하는 말직을 맡았다는 설도 있는데 대체로 벼슬을 하지 않고 평생 자연과 벗하며 살았다. 벼슬이 없으니 가난하고 고달프게 살았을 게 뻔하다. 『장자』에서도 자신을 표현한 대목을 보면, 굶기를 밥 먹듯 했고 옷이나 신발도 제대로 못 갖추고 살았던 것 같다.

그는 관직에 오르려고 노력하지도 않았으니 권력에 아부할 일도 하지 않았다. 하루는 조상이란 사람이 진나라 사신으로 파견되어 성공적으로 임무를 마친 뒤 금은보화를 잔뜩 싣고 돌아왔다. 그가 장자에게 "나 같으면 당신처럼 궁핍하게 살지는 못할 것"이라고 하자 장자는 이렇게 답한다.

"진나라 왕은 병이 나서 의사를 부를 때 종기를 터뜨리고 입으로 고름을 빠는 자에게는 수레 한 대를 주고, 치질을 핥아서 고쳐 주면 수레 다섯 대를 준다고 하더군. 치료하는 부위가 더러울수록 수레를 많이 준다던데, 당신도 그 치질을 고쳐 주셨나? 수레를 많이도 얻어 왔구면."

와우! 왠지 정의롭지 못한 방법으로 출세한 사람에게 곧은 선비가 한 방 먹이는 장면이 떠오른다.

장자가 죽을 때가 되어 제자들이 아쉬워하자 이렇게 위로했다.

"내게는 하늘과 땅이 관이고, 해와 달이 보석이고, 별과 별자리가 구슬이다. 내 장례가 이렇게 화려한데 무엇을 더하겠는가?"

가히 우주를 아우르는 사상가의 답변답다. 이런 호방한 성격 덕에 장자 곁에는 그의 사상과 자유로운 삶을 사랑했던 친구와 제자들이 많았다.

흔히 장자는 노자의 사상을 계승한 것으로 알려져 있다. 아마 무위無爲라는 말을 써서 그렇게 보는 모양이다. 하지만 무위無爲는 법가, 병가에서도 다 써먹었다. 이른바 제자백가에서 약방의 감초처럼 쓰던 개념이다.

물론 현실적인 관점에서 인간과 인간 사이의 관계를 중시했던 공자 맹자에 비해 노자와 장자가 현실 너머에 존재하는 그 무엇, 우리 눈에는 보이지 않는 우주와 자연의 순리를 따르는 것이야말로 참다운 삶이라고 주장한 것은 사실이다.

그렇다고 장자와 노자를 '도가'라는 큰 틀 안에 하나로 묶을 수 있는 걸까? 나는 잘 모르겠다. 노자가 인위적인 덕목 대신 무위를 통해 다스리고자 했다면 장자는 아예 세속적 가치를 일절 거부하며 자연과 더불어 하나가 될 것을 주장했기 때문이다.

장자의 생각이 이렇게까지 전개된 데는 그가 태어난 몽이라는 지역적 특성이 반영돼 있다. 약소국인 송나라에 속해 있던 그 지역은 사방이 적으로 둘러싸여 툭하면 전쟁에 휘말렸다. 그 바람에 백성들의 삶은 이루 말하기 힘들 정도로 참혹했다.

눈에 뻔히 보이는 가혹한 현실 앞에서 장자는 어떻게 하면 공동체 구성원 개개인이 억압에서 해방되어 자유로운 삶을 살 수 있을까 고민했다. 권력과 패권의 틀, 통치자의 논리를 깨부수고 절대적 자유, 초월의 세계를 추구했다. 그러다 보니 세상의 모든 존재가 부분이고 찰나라는 근본주의적 관점을 갖게 됐고 힘없는 백성들이 편안하게 살아가기를 바라는 안빈낙도를 생각하게 된 것이다.

『장자』를 읽다보면, 마치 순간이동이라도 하는 것 같다. 지금 나는 시장에서 시끄러운 소리에 파 묻혀 있다. 몇 푼 안 되는 가격을 놓고 승강이도 하고 얼마 남지 않은 물건을 차지하기 위해 기를 쓰기도 한다. 사람들은 바쁘게 오가면서 내 발을 밟기도 하고 내 어깨를 치기도 한다. 미안하단 말도 없다. 아무도 하늘, 바람, 구름에 대해 이야기하지 않는다. 그저 돈 세는 소리와 호객하는 박수 소리와 비린내가 난무하는 복잡한 미로에 빠져 있는 것이다.

하지만 『장자』를 펼쳐드는 순간, 나는 해발 832m 백운대 꼭대기에 서 있다. 그곳에서는 내가 사는 아파트 단지가 보이고, 빽빽한 빌딩 숲이 보이고, 도로를 메운 자동차들도 보인다. 그런데 그것들이 모두 손톱만큼 작다. 운동장에 모인 사람들이 개미떼 같고 커다란 건물은 주사위만 하다. 이런! 저런 곳에서 내가 아옹다옹했단 말인가!

이렇듯 장자를 읽다 보면 종종 헛웃음을 날리게 된다. 때론 페이지를 넘길 때마다 기가 빠지는 듯하고 우주의 이곳저곳으로 이동하는 느낌도 든다. '인생이 꿈인지, 꿈이 인생인지 누가 안단 말인가?' 따위의 물음이 무람없이 떠오른다. 그러면서 저절로 깊은 생각 속에 빠져든다. '당신이 무엇을 상상하든, 그 이상을 보여줄 것이다'란 말은 장자에 딱 어울린다.

역사상 최고의 풍자 작가인 장자를 읽으면서 나는 많이 웃고 소리 지르고 깨달았다. 여러분도 웃고 깨닫고 소리 지르게 될 것이다.

서른 살 공맹노장이 답이다

내 모습이
초라해 보일 때에는

❋

북쪽 깊은 바다에 물고기 한 마리가 산다. 이름은 곤인데, 그 크기가 몇 천 리인지 모를 정도다. 이 물고기가 변해서 새가 되었다. 이름이 붕인데 날개 길이가 몇 천 리인지 모를 정도다. 붕이 한 번 날면 구만 리 높이까지 오른다. 매미와 비둘기가 이 말을 듣고 비웃었다.
"우리는 빨리 날아도 이 나무에서 저 나무로 날 뿐이고 어떤 때는 그마저도 날지 못해 중간에 땅에 내려앉곤 하는데 뭐? 구만 리를 날아가는 새라고? 웃기시네."
얕은 지식으로 어찌 큰 지식을 알겠으며 짧은 삶으로 어찌 긴 삶을 헤아리겠는가? 아침에 자라다 시드는 버섯은 새벽과 저녁을 모르고 여름에만 사는 메뚜기는 봄과 가을을 알지 못한다.

〈내편, 소요유〉

『장자』의 첫 구절이다. 깊은 바다에 사는 물고기 곤과 구만 리를 나는 새 붕이 등장한다. 상상이고 허구다. 다시 말해서 뻥이다. 좋게 말하

❋

면 스케일이 대범한 거고.

　책의 첫 부분은 대개 저자의 사상을 함축해서 나타낸다. 『논어』는 '배우고 때로 익히면 즐겁지 아니한가?'라고 말한다. 『맹자』는 '이익보다는 인의를 중시하라'고 말하고 『도덕경』은 '말할 수 있는 도는 도가 아니다'라고 갈파한다. 그런데 『장자』는?

　뜬금없이 곤과 붕이라는 상상 초월의 생명체에 대해 언급한다. 초장부터 "이건 뭐지?" 고개를 갸우뚱하게 만든다. 심호흡 단단히 하고 순식간에 현실을 벗어나 보라고 권하는 것 같다.

　도대체 장자의 진짜 속셈은 뭘까? 혹시 이렇게 생각한 건 아닐까?

　'몇 천 리나 되는 물고기와 새가 진짜 있는지 묻지는 마시오. 우리가 아는 게 전부라고 여기는데 그게 다가 아니오. 하루만 사는 하루살이가 어찌 계절과 철을 알겠소. 우리도 하루살이가 아니라고 말할 수 없단 말이오. 곤과 붕 같은 황당한 이야기 속에도 진실이 있을 수 있구나 하고 생각해 보시오.'

　『장자』는 이렇게 처음부터 기존의 관념에서 벗어나라고 요구한다. "몇 천 리나 되는 물고기 같은 건 없어, 그건 거짓이야." 이런 반문 따위는 하지 말라고. 매미와 비둘기 같은 시선을 버리고 구만 리를 날아가는 새의 눈을 가지라고. 그래야 큰 하늘 위에서 땅 위를 내려다 볼 수 있다고.

　이런 말은 과연 허망하기만 한 것일까? 인도네시아와 일본 동북부를 강타한 쓰나미를 생각해 보라. 순식간에 바다가 뒤집혀 수만 명이 희생된 저 천재지변이 더 허구 같지 않은가? 종교 때문에, 사상 때문에, 종족이 다르다는 이유 때문에 수십만 명이 죽어가는 건 또 어떤가? 수 조

　　서른 살 공맹노장이 답이다

원을 가진 자가 끼니도 잇지 못하는 사람들에게 이잣돈을 훑어가는 건? 과연 이런 일들이 곤이나 붕 이야기보다 덜 황당하단 말인가?

　누군가는 첫 대목에서 말도 안 되는 이야기라며 책을 덮을 거고 누군가는 헛웃음을 지으며 다음 장을 넘길 것이다. 인생이, 세상이, 사람이 때로는 저 곤과 붕 이야기만큼이나 어이없을 수 있다는 생각이 퍼뜩 드는 사람이라면 장자를 쉽게 버리지는 않을 거다.

가을에 홍수가 나서 황하의 물이 크게 불었다. 강이 넓어져서 한 쪽 끝에서 다른 쪽 끝을 보면 소와 말을 구분하지 못할 정도였다.

이렇게 물이 많아지니 황하를 다스리는 신 하백이 흐뭇해하며 자기가 세상에서 제일 훌륭한 신이라고 생각했다. 어느 날 하백이 물결을 타고 동쪽으로 내려가 북해에 이르렀다. 거기서 보니 물의 끝이 보이지 않을 만큼 많았다.

하백이 북해를 지키는 신을 보고 한숨 쉬며 말했다.

"옛 말에 도를 들으면 자기가 세상에서 제일 잘난 사람이 된 줄 안다고 했는데 그게 바로 나를 두고 하는 소리였소."

북해를 지키는 신 약이 말했다.

"우물 안 개구리에게 바다를 이야기할 수 없소. 한 곳에 갇혀 살기 때문이오. 여름에만 사는 벌레에게 얼음 이야기를 할 수 없소. 한 계절만 알기 때문이오. 마음이 옹졸한 사람에게 도를 이야기할 수 없소. 한 가지 가르침에만 얽매어 있기 때문이오."

〈외편, 추수〉

상대의 허를
찌른다는 것은

하루는 요 임금이 화華 지방에 놀러 갔는데 이곳 국경을 지키는 관리가 말했다.

"아, 임금님! 임금님은 정말 성인이시오니 제가 임금님의 장수를 빌겠습니다."

요 임금이 말했다.

"됐소, 사양하겠소."

"그럼 부자가 되시라고 빌겠습니다."

"됐소, 사양하겠소."

"그럼 아드님을 많이 낳으시라고 빌겠습니다."

"됐소, 그것도 사양하겠소."

국경지기가 말했다.

"예부터 장수와 부귀와 다산은 모두가 바라는 일인데 어찌 사양하십니까?"

"오래 살면 욕보는 일이 많고, 부자가 되면 할 일이 많아지고, 아들이 많으면 근심이 많아지오. 이 세 가지는 덕을 기르는 데

서른 살 공맹노장이 답이다

방해가 되오."

"나는 당신이 성인인줄 알았는데 이제 보니 그렇지도 않군요. 오래 살면 신선처럼 도를 닦으면 되고, 부자가 되면 다른 이와 나누면 되고, 아들을 많이 낳으면 그들에게 할 일을 하도록 하면 될 것을. 무슨 욕될 일이 있겠습니까?"

요임금이 도리어 그에게 말했다.

"모자란 저를 가르쳐 주십시오."

국경지기가 급히 떠나며 말했다.

"됐소, 사양하겠소."　　　　　　　　　　　　　　　〈외편, 천지〉

　　장자가 천하의 이야기꾼이라는 것을 보여주는 대목이다. 요 임금을 천연덕스럽게 물 먹이는 이야기를 어쩌면 이렇게 날렵하게 지어낼 수 있는가 말이다. 고대 중국 임금의 언행을 담은 『서경』의 첫 장을 보면 기원전 2357년 경 중국을 다스렸다는 전설적인 지도자 요 임금에 대한 묘사가 나온다.

　　"옛날의 요 임금님에 대해 생각해 보건대. 이름은 방훈이라 하셨다. 공경스럽고 총명하고 우아하고 신중하시어 온유함을 느끼게 하셨고, 진실로 공손하고 겸양하시었다. 그 분의 감화의 빛은 온 세상에 퍼져 하늘과 땅에 이르렀다."

　　흔히 말하는 요순 시대의 그 요임금은 이토록 존경받는 왕이었다. 중국 사람들이 이상적인 지도자이자 덕치의 상징으로 생각하는 요 임금도 국경지기에게 보기 좋게 한 방 먹는다.

　　이게 바로 장자의 힘이다. 세상 사람이 모두 떠받드는 사람도 국경을 지키는 낮은 관리보다 못할 수 있다는 것. 완전무결할 것 같은 사람에게도 단점은 있다는 것. 지금까지 세상 사람들 대다수가 '맞다'고 여겼던 것이 사실은 틀린 것일 수 있다는 것. 이런 역발상을 알려준다.

또 다른 장자의 힘은 고수다운 찌르기에서 나온다. 장자는 국경지기라는 의외의 인물을 등장시켜서 요임금과 지혜를 견주게 한다. 그런데 이 관리는 의외의 고수다. 요임금이 꼼짝 못하게 허를 멋지게 찌른다.

그렇게 당하고 나서도 요임금이 그에게 가르침을 청한다. 보통 사람 같으면 "그럼 지금부터 내 말을 잘 들으시오"라면서 설교를 했겠지만 고수는 역시 다르다. 뒤도 돌아보지 않고 사라진다. 이렇게 멋진 비유를 구사할 줄 아는 게 바로 장자다.

 노나라의 현명한 사람 안합이 양나라 태자의 보좌관으로 뽑혀 가게 되었다. 양나라 태자는 변덕이 심하고 난폭한 사람이었다. 안합은 태자를 어떻게 대해야 할지 몰라 평소 자신이 존경하던 대부 거백옥에게 조언을 구했다. 거백옥이 말했다.

"사마귀라는 벌레를 아십니까? 화를 내며 팔을 휘두르는 모습을 보셨겠지요? 이 녀석은 제 힘으로 감당하지도 못하면서 달려오는 수레에 맞섭니다. 자기의 능력이 큰 줄 알기 때문입니다.

조심하고 또 잘 살펴야 합니다. 당신이 아무리 실력이 있어도 스스로 자랑만 하고 태자를 추켜올려 줄 줄 모르면 오래 가지 못합니다."

안합은 그 말을 가슴에 새겼다. 〈내편, 인간세〉

 서른 살 공맹노장이 답이다

흔들리지 않는
고수가 되려면

보통 사람들은 붕새를 비웃는 단계에 머문다. 벼슬자리 하나 채우거나 마을 하나를 돌볼 뿐이다. 잘해야 한 나라에서 두드러져 왕을 보필한다.

송영자宋榮子 같은 사람은 모든 사람이 칭찬해도 우쭐해 하지 않고 비난해도 기죽지 않았다. 영광과 수모의 경계를 명확히 알고 일을 서두르지 않았으나 그 같은 이도 아직 이르지 못한 경지가 있다.

열자列子는 바람을 타고 올라가 가고 싶은 곳을 마음대로 다니다 15일이 지나서 돌아왔다. 속세의 행복 따위는 바라지 않았다. 그럼에도 그는 바람을 기다려야 하니 여전히 의지하는 바가 있었다.

지인은 자신을 내세우지 않고, 신인은 공적을 생각하지 않으며, 성인은 명예에 마음을 두지 않는다. 〈내편, 소요유〉

춘추전국시대의 최고 가치 중 하나는 출세를 하는 것이었다. 공자 맹자 같은 유학자들 역시 훌륭한 군주를 만나 관직을 맡아 잘 다스리는 것을 이상적인 인간상으로 봤다. 이때의 이상적 인간이 바로 군자君子다.

옥스퍼드 대학에서 발행한 논어 영역판을 보면 군자는 Gentleman으로 번역해 놓았다. 군자에 담겨있는 복잡미묘한 의미만 생각하다가 이렇게 들으니 오히려 군자라는 말이 더 확실하게 다가온다. 예의를 지키고 다른 사람을 배려하고 왕에게 충성하고 일정한 관직과 재산을 갖춘 사람. 이게 바로 Gentleman이지 않은가.

아무튼 장자는 Gentleman보다는 Freeman을 꿈꾸었다. 장자의 입장에서 보면 군자 역시 벼슬자리 하나 채우거나 마을 하나를 돌보는 사람, 잘해야 한 나라를 맡아 다스리는 사람이다. 이런 사람은 장자가 생각한 이상적인 인간상 중 가장 낮은 단계다. 장자는 이런 사람들을 '붕새를 비웃는 속 좁은 인간'으로 규정한다.

그러면서 내공이 깊은 순서대로 4 단계의 인간상을 그렸다. 장자는 단순히 성공한 사람보다는 송나라 사상가 송영자처럼 세상 사람들의 판단이나 인정에서 자유로운 사람이 되는 게 낫다고 봤다. 그런데 송영자도 열자에는 미치지 못한다. 열자는 노자, 장자와 함께 도가를 대표하는 사상가로 자유를 얻은 상징적인 인물을 뜻한다. 열자는 가고 싶은 곳을 마음대로 갈 수 있는, 순간이동이 가능한 사람이다. 다만 보름에 한 번씩 부는 바람을 기다려야 한다. 이렇게 바람에 의존해야 하니 완전한 자유에는 이르지 못했다.

궁극의 경지, 최고의 내공을 지닌 사람은 누구일까? 장자는 이런 사람을 지인至人이라 불렀다. 지인은 곧 신인이며 성인이다. 신과도 같

서른 살 공맹노장이 답이다

은 사람이며 성스러운 사람이라는 뜻이다. 원문에는 이렇게 설명해 놓았다.

지인무기 신인무공 성인무명
至人無己 神人無功 聖人無名

지인은 자신을 내세우지 않고, 신인은 공적을 생각하지 않으며, 성인은 명예에 마음을 두지 않는다는 뜻이다. 다르게 해석할 수도 있다.

"지인은 자기가 없고, 신인은 공이 없으며, 성인은 이름이 없다."

아무것에도 기대지 않고 무엇에도 거리끼지 않는 이런 절대 자유의 경지에 다다르는 건 꿈속에서도 불가능한 일이다. 우리 같은 보통 사람들은 '마을 하나를 돌보고 잘해야 한 나라에서 두드러져 왕을 보필하기'도 벅차다.

그러나 이런 초월적 경지, 절대 자유의 경지는 실천 덕목이나 롤 모델로써 우리 삶에 적용하는 데 그 의의가 있는 게 아니다. 우리가 살아가는 세상, 그 세상을 이끌고 가는 이데올로기, 그 속에서 작동하는 깨알 같은 원칙, 그 원칙에 사로잡혀 우물 안 개구리처럼 살아가는 우리 자신의 모습을 되돌아 보자는 데 의미가 있다.

도저히 범접할 수 없는 경지를 한번이라도 자신의 삶에 대입해 보면 우리가 얼마나 세상의 법칙과 자기의 기준에 억압당하고 사는지, 그 억압에 사로잡혀 나와 타인을 얼마나 힘들게 하는지 깨닫게 된다. 객관적 시각, 비판적 시각을 얻을 수 있는, 이른바 거리두기 효과를 얻을 수 있게 되는 거다.

❀

장자

큰돈을
벌고 싶다면

송나라에 무명 옷감을 다루는 일을 하는 사람이 있었다. 옷감을 빨고 말리고 하다 보니 손이 자주 텄다. 그는 어느 날, 손이 트지 않게 하는 연고를 만들었다. 연고를 만들고 빨래를 하니 대 만족이었다. 지나던 길손이 그 이야기를 듣고 금 백 냥을 줄 테니 연고 만드는 비방을 팔라고 했다. 그는 가족들을 모아놓고 말했다.

"우리가 대대로 무명을 빨아왔지만 기껏 금 몇 냥밖에 못 모았는데, 이제 이 약의 비방을 금 백 냥에 사겠다는 사람이 있으니 팝시다."

그는 비방을 적어 주었고 손님은 금 백 냥을 내놨다. 손님은 그 길로 오나라 임금에게 갔다. 그때 오나라는 월나라와 전쟁 중이었다. 오, 월 두 나라에는 강과 호수가 많아 수중전이 잦았다. 손님이 "월나라를 물리칠 방법이 있다"고 말하니 왕은 그를 장수로 임명했다. 그는 병사들에게 손이 트지 않게 하는 연고를 바르게 하고 월나라와 싸워 크게 이겼다. 전쟁이 끝나고 그는 오

서른 살 공맹노장이 답이다

무명 옷감 다루는 일을 하는 사람은 발명가, 비방을 사간 손님은 마케터라고 상정해보자. 발명가는 손이 트지 않는 약을 개발해 그 비법을 10억 받고 마케터에게 팔았다. 마케터는 국방장관을 만나 "해군과 해병대에 독점 공급할 수 있게 해 달라"고 말한다. 그 결과 마케터는 해마다 로열티로 수백억 원을 벌어들인다.

장자에 나오는 발명가와 마케터는 왜 이렇게 다른 방식으로 행동한 걸까? 발명가는 손이 트지 않는 연고를 만들고는 자신과 가족만을 위해 쓰려고 했다. 그가 생각한 연고의 효용 한계는 거기까지였다. 눈에 보이는 자기 주변 사람들이 연고를 바르고 손이 트지 않으면 그만인 것이다.

반면 마케터는 연고의 효용 한계를 어떻게 하면 극대화할 수 있을까 생각했다. 손이 트지 않는 연고가 필요한 사람은 옷감 빠는 사람만이 아니다. 어부, 주부, 수군 들처럼 물을 자주 접하는 모든 사람들이다.

마케터처럼 남을 배려하는 마음으로 만든 작은 물건이 인류에게 커다란 편의를 제공한 사례가 있다. 일회용 반창고다. 볼펜, 지퍼, 네온사인, 셀로판, 복사기, 종이클립, 아이스크림콘, 놀이용원반, 접착메모지 등과 함께 20세기의 10대 히트상품으로 뽑힌 일회용 반창고는 아내를 배려하는 작은 사랑에서 비롯된 커다란 결실이었다.

장자

존슨 붕대 회사에 다니던 바이어 엘레 딕슨은 소문난 애처가였던 모양이다. 신혼 시절 아내는 요리를 잘 못했는지 툭하면 손을 베어 딕슨을 놀라게 했다. 딕슨은 그럴 때마다 아내의 손을 붕대로 감아주고 직접 음식을 만들었다. 하지만 딕슨이 출근한 뒤가 문제였다. 주방에서 아내가 피를 흘리고 쩔쩔 맬 것을 상상하니 딕슨은 마음이 불편했다. 할 수 없이 딕슨은 아내 혼자서도 상처 부위에 쉽게 붙일 수 있는 반창고를 연구하게 됐다. 붕대에 점착성이 있는 물질을 발라 두었다가 아내가 쓰게 한 것이다. 일회용 밴드 즉 반창고가 딕슨에게 부와 명예를 가져온 것은 당연한 결과였다. 사람들이 많이 찾는 물건 뒤에는 이런 휴머니티가 담겨 있다.

상품의 이용가치를 최대로 늘린 마케터의 역량, 다시 말해 비즈니스 마인드는 중요하다. 그러나 그것만이 유일한 본질은 아니다. 단순히 소비자를 확대하겠다는 경제적 관점보다 소비자의 고통을, 고생을 줄여주려는 인간애가 있어야 한다는 말이다. 돈을 벌려다 보니 휴머니티가 생겼는지, 타인의 어려움을 덜어주려다 보니 비즈니스 마인드가 생겼는지는 여기서 따지지 말자. 두 요소가 적절히 시너지 효과를 낼 때 큰 성과와 행운이 뒤따른다는 게 중요하다.

 오리의 다리가 짧다고 길게 늘여 주면 오리는 괴롭다.
학의 다리가 길다고 자르면 학은 아프다.
그러므로 본래 긴 것은 자르지 말고 본래 짧은 것은 늘이지 마라.

〈외편, 변무〉

 서른 살 공맹노장이 답이다

진짜로
잘난 사람은

❋

양자가 송나라에 갔을 때 여관에 묵었다. 여관 주인에게는 첩이 둘이었는데 한 사람은 미인이고 다른 한 사람은 추녀였다. 주인은 추하게 생긴 여자를 예뻐하고 미인은 천대했다. 양자가 그 까닭을 물으니 여관 주인이 말했다.

"저 미인은 스스로 잘났다고 여겨 잘난 줄을 모르겠는데, 저 추녀는 스스로 못났다고 여겨 삼가니 오히려 그 못남을 모르겠습니다."

양자가 제자들에게 말했다.

"너희들은 명심하라. 어진 행동을 하면서도 스스로 어진 행동을 한다고 여기지 않으면 어디 간들 사랑받지 않겠느냐?"

〈외편, 산목〉

내가 존경하는 작가 중에 이철환 님이 있다. 두어 해 전 그를 만났을 때, 그가 내게 물었다.

"어떻게 하면 글을 잘 쓸 수 있을까요?"

❋

장자

나는 그때 머리가 어떻게 됐는지 그에게 이만교 작가의 『글쓰기 공작소』를 읽어 보라고 진지하게 권했다. 헤어지자마자 그에게서 문자가 왔다. "서점에 가서 바로 구입했습니다. 잘 읽겠습니다."

며칠 뒤 글쓰기 반 수강생이 글을 엉망으로 써왔기에 그에게도 그 책을 권했다. 그러다 문득 이철환 작가가 떠올랐다. 이철환 작가는 『연탄길』 『반성문』 등의 책을 써서 400만 부라는 판매 기록을 세운 사람이다. 아름답고 감동적인 글로 많은 사람에게 깊은 인상을 남긴 그런 사람에게 나는 뭐가 잘났다고 충고를 했을까? 후회가 밀려왔다.

내가 글쓰기 반 강사를 하고는 있지만, 이철환 작가는 출판계에서 인정하는 베스트셀러 저자다. 나는 그가 "어떻게 하면 글을 잘 쓸 수 있나" 하고 물었을 때 "이미 잘 쓰고 계시지 않습니까"라고 했어야 했다. 그의 질문을 정색하며 받아들인 까닭에 나 스스로 잘났다고 인정한 꼴이 됐다.

때 늦었지만 이철환 작가에게 문자를 보냈다.

"얼마 전 선생님의 질문에 대한 저의 대답은 아무리 생각해 봐도 주제넘은 짓이었습니다."

이철환 작가는 "무슨 말씀을요. 그때의 조언이 정말 도움이 많이 됐습니다" 하고 답을 보내왔다. 겸손이 몸에 밴 이 작가의 언행에 나는 두 손 두 발 다 들고 말았다.

그때 일만 생각하면 지금도 얼굴이 확 달아오른다. 어쩌자고 뻔뻔하게 내 무덤을 스스로 팠는지 후회가 밀려왔다. 나도 모르게 내가 나를 높은 자리에 올려놓은 건 아닐까. 겉으론 상대의 자랑과 오만을 인정해 주지만 속으로 비웃을 수 있다는 걸 왜 생각하지 않았을까.

서른 살 공맹노장이 답이다

사실 누구에게나 장점 한 가지씩은 있다. 예쁜 사람도 있고, 머리 좋은 사람도 있고, 돈 많은 사람도 있다. 하수들은 그 장점을 스스로 떠벌인다. 그러나 알량한 장점은 입을 벌리는 그 순간 사그라든다.

진짜 고수들은 자기가 예뻐도 예쁜 줄 모르고, 영리해도 영리한 줄 모르며, 부유해도 부유한 줄 모른다. 아니, 모른 척 한다. 남이 잘났다고 추켜세워도 "아이, 뭘요" 하며 손사래 친다. 그게 진짜 잘난 거다. 여관 주인의 지혜로운 첩, 추녀처럼 자기 분수를 알고 삼가는 게 자기를 위하는 거다.

혜자가 장자에게 말했다.

"우리 동네에 큰 나무 한 그루가 있는데 줄기는 뒤틀리고 작은 가지들은 꼬불꼬불하다네. 길가에 있지만 목수들이 거들떠보지도 않지. 자네의 말은 이처럼 크기만 하고 쓸모가 없어서 사람들이 무시하는 거야."

장자가 말했다.

"너구리나 살쾡이를 보게. 먹이를 노리며 이리저리 뛰고, 높이 솟았다 낮게 기어 다니다 결국 덫에 걸려 죽고 마네. 들소를 보게. 덩치는 엄청 크지만 쥐 한 마리도 못 잡지. 그러니 큰 나무가 쓸모없다고 걱정하지 말게. 그 밑에서 아무 일 하지 말고 낮잠이나 자라고. 그 나무는 도끼에 찍힐 일도 없으니 괴로워하거나 슬퍼할 것도 없지 않나?"

〈내편, 소요유〉

장자

운명을
원망하고 있는가

삶을 즐거워하는 것이 어리석은 것일까 아닐까?

죽음을 싫어하는 것은 어려서 고향을 떠난 사람이 돌아갈 데를 모르는 것과 같은 것 아닐까?

미녀 여희는 애 땅의 국경을 지키는 관리의 딸이었다. 처음 진晉나라에 가게 되었을 때 여희는 얼마나 울었는지 눈물에 옷깃이 흠뻑 젖을 정도였다. 여희는 곧 왕의 눈에 들었다. 왕의 처소에 이르러 왕과 잠자리를 같이 하고 왕이 먹는 요리를 먹고 왕과 같이 비단 옷을 입었다. 여희는 처음에 고향을 떠날 때 울었던 일을 후회했다.

죽은 사람들도 살아있을 때 삶에 집착한 것을 후회하지 않을까?

〈내편, 제물론〉

여희는 미모 덕분에 공녀로 뽑혀 진나라로 가게 되었다. 고향을 떠나게 되자 자기 신세가 불쌍해 울었다. 하지만 임금의 사랑을 받게 되면서 운명이 바뀌었다. 이 이야기를 장자는 왜 우리에게 들려주는 것일까?

서른 살 공맹노장이 답이다

"너 죽어 봤냐? 죽은 다음에, 삶을 떠나올 때 슬퍼한 것을 후회하게 될지 안 하게 될지 어떻게 아느냐? 이번 생 다음에 이번보다 더 즐겁고 행복하고 멋진 생이 있다면 어쩔 거냐? 어쩌면 다음 생은 진나라의 궁궐 같고 이번 생은 변방의 누옥 같을지도 모른다. 그러니까 삶에 너무 집착하지 마라."

장자는 이렇게 말하려고 한 게 아닐까. 오늘이라는 삶이 끝나고 내일이라는 또 다른 삶이 오면 어떤 일이 펼쳐질지 누가 알 수 있나. 어쩌면 이번 생보다 다음의 생이 훨씬 더 멋질지도 모르지 않느냐는 게 바로 장자 선생의 생각이다. 지금 곤경에 빠져 자기 인생을, 운명을 한탄하는 사람들이라면 귀 기울여 들을 말이다.

나와 고전공부를 함께한 김해영 씨는 태어난 지 얼마 되지 않았을 때 술 취한 아버지가 집어 던지는 바람에 척추장애인이 됐다. 초등학교 때 아버지는 목을 매 자살했다. 우울증을 앓던 어머니는 "병신 딸년 때문에 아비가 죽었다"며 그녀를 학대했다. 시도 때도 없이 매를 들던 어머니가 어느 날은 식칼을 들고 달려들어 그날로 집을 나왔다.

한의원 집 식모살이를 하면서 주인집 청소도 하고 한약도 썰면서 인생과 부모를 원망했다. 초등학교 때 천자문을 혼자 뗀 그녀는 한의원 구석에 있는 논어를 읽다 이런 구절을 발견한다.

"잘못된 것을 알고도 고치지 않으면 그게 더 큰 잘못이다."

뒤통수를 맞은 듯한 충격이었다. 초등학교만 졸업한 그녀는 반상회보를 보다 직업학교에서 무료 편물(옷감 짜는 기술) 교육을 한다는 기사를 보고 학원으로 간다. 솜씨가 좋아 국내 기능올림픽에서 상을 탔고 세계기능올림픽 대회까지 나가 금메달을 땄다. 가출한 지 4년 만에 집으로 돌아간 그녀는 편직 학원 강사이자 기술자로 남부럽지 않게 살게 됐다. 이전에는 상상할 수 없는 삶이 찾아온 것이다.

하지만 그녀는 그 자리에 안주하지 않았다. 아프리카 보츠와나에서 편물 기술학교 선생을 찾는다는 소식을 접하고 그곳으로 날아간다. 왜? 단지 돈 버는 게 전부가 아니라는 믿음, 자신을 꼭 필요로 하는 사람들이 있는 곳으로 가야 한다는 신념 때문이었다. 그곳에는 새로운 세계가 기다리고 있었다. 우물을 만들고 학교를 수리하고 기술을 가르치는 그녀에게 보츠와나 사람들은 이렇게 말했다. "You're so beautiful!"

한 번도 들어보지 못한 말이었다. 키 134cm의 장애인, 한국에서는 곱추라고 손가락질 받던 그녀였다. '못 배우고 얼굴 까맣고 못사는 흑인'이라는 선입견을 버리고 대하자 그들도 그녀를 편견 없이 바라보게 된 것이다. 아담하고 피부도 희고 아는 것도 많은 미녀 선생님으로.

김해영 씨는 아프리카에서 14년을 보내고 미국으로 유학을 떠난다. 체계적으로 사회복지학을 배워 더 큰 일을 하기 위해서였다. 단돈 몇 백 달러를 들고 미국으로 간 그녀는 교민들 도움으로 어렵게 나약 대학교와 컬럼비아 대학원을 졸업하고 사회복지학 석사 학위를 받았다.

그녀가 『청춘아 가슴 뛰는 일을 찾아라』라는 자서전을 냈을 때 방송과 신문은 대서특필했다. 책은 베스트셀러가 됐고 이제는 SBS방송과 복지재단이 추진하는 구호 프로젝트의 본부장이 되어 세계를 무대로 활동하고 있다.

김해영 씨는 늘 익숙한 환경을 버리고 새로운 곳을 향해 떠났다. 떠나기 전에는 두렵기도 하고 망설이기도 했단다. 먹고 살만한데 왜 오지로 가야 하나, 겨우 익숙해진 곳을 떠나 다른 곳으로 갈 필요가 있나 하는 생각도 했다. 그러나 새로운 시간과 장소에서 그녀는 이전보다 더 성숙하고 행복한 삶을 누릴 수 있었다.

장자에 나오는 여희의 일화는 김해영 씨 같은 사람의 인생을 함축하고 있는 것 같다. 낯선 곳으로 간다고 해서 두려워하거나 겁먹지 말자. 실패가 있을지라도. 더 멋진 삶이 우리를 기다리고 있을지 모른다.

 신도가는 형벌을 받아 한쪽 발이 잘린 사람이다. 자산은 정나라의 재상이었다. 신도가와 자산은 둘 다 백혼무인의 제자였다. 어느 날 두 사람이 나란히 앉게 되자 자산이 신도가에게 말했다.
"내가 먼저 오면 자네가 나가고, 자네가 먼저 오면 내가 나가세."
다음 날 다시 같은 방에서 나란히 앉게 되자 자산이 말했다.
"내가 어제 말하지 않았나? 나는 자네 같은 사람과 같이 배울 수 없다고. 자네는 그 꼴을 하고 나 같은 재상 옆에 앉아 있으려 하나?"
신도가가 말했다.
"자신이 온전한 몸이라 하여 내 몸을 보고 비웃는 사람이 많았네. 그러나 선생님은 나를 19년이나 가르쳐 주셨지만 한 번도 내 발이 하나인 것에 대해 말하신 적도 없고 아는 척하신 적도 없네. 그런데 자네는 그 선생님 아래서 스스로 재상인 것을 내세우고 있는가?
자네와 나는 몸 안에 무엇을 배워 넣을 것인가를 배우고 있는데 자네는 아직 몸 밖으로 보이는 것에 신경을 쓰고 있으니 이건 잘못된 일 아닌가?"
자산이 부끄러워하며 잘못을 빌었다. 〈내편, 덕충부〉

삶과 꿈
무엇이 중요한가

언젠가 내가 꿈에 나비가 되었다. 훨훨 나는 나비였다. 내 스스로 아주 기분이 좋아 내가 사람이었다는 것을 모르고 있었다. 이윽고 잠을 깨니 틀림없는 나였다. 도대체 인간인 내가 꿈에 나비가 된 것일까. 아니면 나비가 꿈에 인간인 나로 변해 있는 것일까. 인간 장주莊周와 나비는 분명 구별이 있다. 이것이 이른바 만물의 변화인 물화物化라는 것이다. 〈내편, 제물론〉

이 이야기가 바로 『장자』에서 가장 많이 알려진 호접몽胡蝶夢이다. 꿈 속에서 나는 나비였는데 깨고 보니 알 수 없다. 내가 나비였는지, 나비가 나였는지……. 장자는 그러면서 "하늘과 땅은 나와 같이 생기고, 만물은 나와 함께 하나가 되어 있다"고 말했다.

이 대목은 장자의 핵심 사상을 담은 제물론齊物論편에 나온다. 제물론은 세상의 모든 시비와 진위는 상대적이며 겉으로 드러나는 현상은 모두 연관성을 지닌 하나의 전체라고 보는 이론이다. 절대 경지에 서면 만물은 하나이며, 생과 사도, 꿈과 현실도 하나라는 것이다.

나비는 나비이고, 장주는 장주이고, 꿈은 꿈이고, 삶은 삶이라고 구별하는 것 또한 만물의 여러 변화를 일컫는 것과 다르지 않다. 이렇게 모든 것은 한 자리에 가만히 있지 않고 변화, 운동하며 서로 영향을 주기 때문에 '다르면서도 같은' 모순성과 통일성을 지닌다고 볼 수 있다.

어떤 이는 호접몽 일화에서 인생을 일장춘몽 같은 허망한 것으로 해석하기도 한다. 만약 우리 삶이 모두 꿈이라면? 우리 모두 꿈을 꾸고 있는 것이라면? 우리가 가진 것뿐만 아니라 가지지 못한 것과 가지지 못한 것을 향한 욕망, 그 욕망 때문에 괴로워하는 번민 모두 꿈에 불과하다면? 오늘 내가 겪고 있는 이 괴로움과 아픔과 외로움이 내일 아침에 모두 사라진다면? 실연도, 시련도, 걱정도, 근심도, 집착도, 미련도 없을 것이다. 이 모든 것이 꿈이라면, 누가 왕이고 누가 천민인지 따질 필요도 없다. 그는 부자이고 나는 가난하고, 그는 멋지고 나는 못생겼고, 그는 잘났고 나는 못났고, 이런 걸 신경 쓸 필요도 없다. 모두가 한바탕 꿈이니 말이다.

몇 해 전 나는 꿈속에서 아버지를 만났다. 빌딩 옥상에서 즐겁게 이야기를 하고 있었는데 갑자기 아버지가 옥상에서 떨어지고 말았다. 사람들이 놀라서 "아마 죽었을 거야"라고 말하는 소리가 들렸다. 나는 울며불며 계단을 내려왔다. 그런데 아무리 내려가도 그 계단이 끝나지 않았다. 그렇게 계단을 내려오다 잠에서 깨었다. 아, 얼마나 다행이던지.

그 꿈을 꾸고 얼마 뒤 아버지께서 정말로 돌아가시고 말았다. 그 꿈은 사실 오래 투병하시던 아버지에 대한 염려 때문에 꾸게 된 것이다. 그 꿈만 생각하면 지금도 몸서리가 쳐진다.

장자

그런데 생각해 보자. 꿈은 단지 꿈일 뿐이다. 그렇다면 현실은? 현실은 다만 현실일 뿐이다. 꿈에서 겪은 부친의 사망과 현실에서 겪은 그것은 나에게 똑같이 충격이었다. 이제 와서 어떤 게 꿈이고 어떤 게 현실인지를 구분하는 것은 아무 의미가 없다.

내가 지금 겪고 있는 이 감정, 이 생각, 이 통증은 꿈인가, 현실인가? 꿈이라면 아파할 것도 없고 슬퍼할 것도 없고 골똘히 생각할 것도 없다. 깨면 그만이다. 그러나 현실이라면? 그것도 마찬가지다. 너무 아파할 것도 슬퍼할 것도 두통을 앓을 것도 없다. 그게 꿈이든 현실이든 그냥 받아들이고 견디면 그만인 거다. 꿈과 현실, 그 어디에 있든 어떻게 마음을 먹느냐가 중요하다.

이런 우화가 있다. 요정의 램프가 착한 일을 한 형제에게 물었다.

"두 분은 두 가지 중 하나를 선택할 수 있습니다. 첫째, 밤마다 꿈속에서 미녀를 만나 사랑하고 행복하게 살지만, 현실에서는 괴물 같은 여인과 불행하게 살아야 합니다. 둘째, 밤마다 꿈속에서 괴물 같은 여인과 불행하게 살지만, 현실에서는 미녀와 행복하게 살 수 있습니다. 어떤 걸 택하겠습니까?"

형은 현실의 미녀를 택했고 동생은 꿈속의 미녀를 택했다. 형은 한동안 잘 지냈지만, 얼마 지나지 않아 잠드는 게 두려워 매일 밤 불면증에 시달리며 악몽을 꿨다. 하루가 다르게 몸이 수척해져 갔고 낮에도 잘 지낼 수가 없었다. 동생은 처음에 추녀인 부인에게 실망했지만 곧 잠자는 것이 즐거워 낮 동안에 웃고 지냈더니 부인과도 사이가 좋아졌다. 두 사람은 아들 딸 낳고 행복하게 잘 살게 됐다. 도대체 어떤 게 행복한 걸까? 장자의 말을 마저 들어보자.

꿈에 술을 마시며 즐기던 사람이 아침에 깨면 섭섭해서 운다. 꿈에 울며 슬퍼한 사람은 아침이 되면 언제 그랬냐는 듯 즐거운 마음으로 사냥을 나가기도 한다. 우리가 꿈을 꾸고 있는 동안에는 그게 꿈인 줄 모른다. 심지어 꿈속에서 해몽도 한다. 그러나 꿈에서 깨어난 뒤에는 그게 꿈인 줄 알게 된다.

참다운 깨달음에 이른 사람은 삶이라는 게 큰 꿈이라는 것을 알게 된다. 어리석은 자들은 자신이 깨어있다고 믿고 아는 체 하며, 왕과 천민을 가른다. 답답한 일이다.

그대나 나나 모두 꿈을 꾸고 있는 것이다. 내가 그대에게 꿈이라고 말하는 것도 역시 꿈이다. 내가 하는 말이 괴이하게 들리겠지. 그러나 만세 후에라도 성인을 만나 이 말의 의미를 알게 된다면, 만세의 긴 시간도 하루처럼 짧게 느껴질 것이다.

 정신과 마음이 하나가 되려고 노력하면서도 한쪽에만 집착하는 것을 비유해 '아침에 셋'이라 한다. 이게 무슨 뜻인가? 예전에 원숭이 치는 사람이 원숭이들에게 도토리를 주면서 "아침에 세 개, 저녁에 네 개 주겠다"고 하자 원숭이들은 화를 냈다. 다시 "그러면 아침에 넷, 저녁에 셋을 주겠다"고 하자 원숭이들은 모두 기뻐했다.

명목이나 실질에 아무런 차이가 없는데도 원숭이들은 성을 내기도 하고 기뻐하기도 했다. 그래서 성인은 옳고 그름을 조화시킨다. 자연에 몸을 맡기고 스스로와 사물에 모두 통달한다. 〈내편, 제물론〉

장자

프로가 된다는 것은

❀

포정이라는 요리사가 문혜왕을 위해 소를 잡았다. 그 솜씨가 훌륭해 문혜왕이 말했다.

"훌륭하도다. 그대의 소 잡는 기술이 어찌 이런 경지에 이르렀는가?"

포정이 대답했다.

"처음에 소를 잡을 때 눈에 보이는 것이 온통 소뿐이었습니다. 3년이 지나자 소가 보이지 않기 시작했습니다. 지금은 오직 정신으로 소를 볼 뿐입니다.

보통의 요리사는 달마다 칼을 바꿉니다. 뼈를 자르기 때문에 칼날이 쉽게 무뎌져서 그렇지요. 상급 요리사는 1년에 한 번 씩 칼을 바꿉니다. 살을 가르기 때문입니다.

저는 지금까지 19년 동안 이 칼로 소를 수천 마리나 잡았습니다만 한 번도 칼을 간 적이 없습니다. 그럼에도 칼날은 여전히 숫돌에 막 간 것 같이 날카롭습니다. 소의 뼈마디에는 틈이 있고 이 칼날에는 두께가 없습니다. 두께 없는 칼날이 틈이 있는

서른 살 공맹노장이 답이다

한국무용가 고 공옥진 선생의 일대기를 다룬 드라마 〈공옥진〉에 공 선생의 남편 역으로 출연할 때의 일이다. 드라마는 공선생의 출생에서부터 인간문화재로 활동하는 모습까지를 다뤘다. 중간 중간 내레이션과 인터뷰가 이어지는 다큐멘터리 형식이었다. 내레이션은 연극 영화 드라마를 넘나들며 오랜 세월 활동해 온 J씨가 맡았다. 강조할 곳은 강조하고 넘어갈 곳은 넘어가는 완벽한 해설이었다. 나를 비롯한 모든 연기자와 스태프는 그의 내레이션에 만족했다.

며칠 뒤 무슨 사정이 생겼는지 내레이터가 바뀌었다. 새로운 내레이터는 최불암 선생이었다. 드라마를 다 찍고, 촬영 분량을 다 보고 나서 우리는 생각했다.

"아, 감동적인 드라마다."

우리가 한 예술인의 인생 속에 침잠해 있을 때 누군가 말했다.

"최불암 선생의 해설도 좋았어."

그러자 나머지 사람들도 이구동성으로 덧붙였다.

"맞아. 정말 좋았어…. 그 분이 아니면 할 수 없는 그런 내레이션이었어."

최 선생의 내레이션은 빠름도 없고 느림도 없었다. 강함도 없고 부드러움도 없었다. 사실 우리는 그 분이 해설을 했는지도 잘 몰랐다. 드라마 속에 그대로 녹아들어가 있었던 것이다.

최고란 그런 것이다. 드러나지 않는 것. 프로란 그런 것이다. 보이지 않는 것. 작품 속에 완벽히 동화된 것. 하는 듯 하지 않는 것, 하지 않는 듯 하는 것. 최불암 선생이 수십 년 동안 연기를 하면서 포정과 같이 공력을 쌓은 결과가 바로 그 내레이션이었다.

어설픈 요리사들은 힘들여 칼질을 하기에 쉽게 칼날이 닳는다. 어설픈 프로들은 힘들여 자기 실력을 드러내려 하기에 쉽게 실력이 들통 난다. 중간급 요리사들은 요령이 생겨 칼질을 하지만 여전히 고기의 근육을 건드리기에 1년에 한 번씩 칼날을 갈아야 한다. 중간급 프로들은 요령이 생겨 일을 잘 하지만 여전히 실력에 한계가 있기에 1년에 한 번씩 재충전을 해야 한다. 포정 같은 요리사는? 칼날을 갈지 않는다. 삶이 칼질이고 일상이 요리이기 때문이다.

동양 고전 전문가 박재희 선생은 이렇게 말했다.

"고수는 자신의 칼날을 남에게 보이지 않는다. 대가 강태공은 남과 다툴 때 번쩍거리는 칼을 쓴다면 훌륭한 장군이 아니라고 했다. 하수들이나 싸울 때 번쩍거리는 칼을 들이대며 온 세상 사람들 모두 보란 듯이 싸운다는 것이다. 진정 최고는 자신의 능력을 과시하거나 뽐내지 않는다. 그렇기에 그의 능력은 더욱 빛나는 것이다."

최불암 선생이 내레이션을 했지만 겉으로 티가 나지 않았듯이 최선의 실력은 조화와 융합으로 드러난다. 최고의 프로에게는 삶이 비즈니스다. 생활이 곧 실력으로 다져지는 것이다. 일상이 절차탁마다. 우리는 살면서 뭐 하나라도 생활이 되도록 갈고닦은 게 있는가.

 서른 살 공맹노장이 답이다

사기 열전

중국 고대 인물들의 전기. 사마천(기원전 145~90?) 지음.

치욕의 덫에서 역사를 세운
사마천

『사기』는 중국의 대표적 역사서다. 저자 사마천은 한漢나라 때 역사 담당 관리인 아버지 밑에서 자랐고 자신도 한 무제 아래서 사관을 역임했다. 기원전 110년 아버지 사마담이 "역사책을 남기라"는 유언을 남기고 세상을 뜨자 사마천은 38세 때부터 자료를 수집하다가 기원전 42세부터 『사기』를 쓰기 시작했다.

사마천의 운명은 5년 뒤 갑자기 바뀐다. 이릉이라는 장수가 흉노를 토벌하러 갔다가 패하고 적에게 투항하는 사건이 일어난다. 한나라 대신들은 이릉을 벌하자고 주장했고 한 무제 뜻도 같았다. 그러나 사마천은 혼자 이릉을 변호했다가 황제의 노여움을 사서 감옥에 갇히고 만다. 그에게는 사형, 50만전의 벌금형, 궁형(생식기가 잘리는 형벌)이라는 세 가지 선택이 주어졌다. 사마천은 궁형을 택했는데 그 이유는 오로지 사기를 집필하기 위해서였다. 그의 나이 48세 때였다.

『사기』가 다루는 시대는 기원전 20세기 전후부터 기원전 1세기 사마천 생존 당시까지다. 『사기』는 크게 본기, 세가, 열전으로 나뉜다.

본기는 황제(제왕)들 이야기다. 중국 고대 전설 속의 제왕 8명을 일컫는 '삼황오제' 가운데 오제에서 시작해 진 시황, 한고조 유방을 거쳐 사마천 당대의 황제인 한 무제까지의 역사를 시간 순서대로 썼다. 세가는 제왕 밑에서 역사를 좌지우지했던 각 제후국 왕(시대에 따라서는 공公이라 칭했다)들의 이야기이고 열전은 그 이외의 인물들에 대한 이야기다.

여기서 황제, 왕, 제후 등의 명칭을 정리하고 넘어가도록 하자. 우리가 흔히 알고 있는 황제란 말은 진 시황이 처음 사용했다. 중국의 고대 전설에 등장하는 삼황오제三皇五帝에서 황皇자와 제帝자를 따서 황제라 칭했다.

그 전에는 중국 전체를 다스리는 최고 지도자의 명칭은 왕이었다. 기원전 1122년 주 무왕은 폭군 주紂왕이 다스리던 은나라를 멸망시키고 주周나라를 세운다. 무왕은 주나라 건국에 참여한 신하와 인척들에게 70여개 지역의 땅을 떼어주고 제후라고 불렀다. 그래서 주나라의 왕만이 '왕'이라는 칭호를 쓸 수 있었다. 세월이 지나 기원전 4~5세기 경, 전국시대가 되었을 때는 주 왕실의 영향력이 약해져 각 제후국의 지배자들이 스스로 왕이라 칭했다.

사마천은 궁정 자료를 정리하는 사람이라 많은 고문서를 접했다. 그렇다고 책만 보고 『사기』를 쓴 건 아니다. 역사의 현장을 방문해 취재도 하고 인터뷰도 했다. 그걸로도 채울 수 없는 부분은 문학적 상상력을 발휘했다.

서른 살 공맹노장이 답이다

주목할 것은 사마천의 그 상상력이다. 춘추전국시대 뛰어난 정치가였던 소진이나 장의가 각 제후국 왕을 만나 설득하는 장면을 보면, 사마천이 얼마나 탁월한 시나리오 작가인지 알 수 있다. 그의 붓 끝에서 모사를 꾸미는 로비스트 소진, 장의는 중원을 향해 거대한 야망을 불태우는 인물로 다시 태어난다. 건조한 한 줄의 기록으로 남았던 자객은 뜨거운 애국심을 가진 열사로 변신하고, 역사의 오해 속에 묻힐 뻔한 반역자는 나름의 정당성을 지닌 위인으로 거듭난다.

『사기』의 또 다른 특징은 사마천만의 독특한 편집관이다. 황제들의 기록인 본기에 한 고조 유방의 부인 여태후를 포함시킨 것이 그런 예다. 한나라 2대 황제인, 무능력한 아들 혜제를 대신해 정사를 돌본 여씨를 역사서에 남겼다는 것은 사마천이 얼마나 대담하고 현실적인 인식을 갖고 있었는지 보여준다.

사마천은 또 진 시황 사후 진나라가 쇠약해질 무렵, 진에 대항해 최초로 반란을 일으킨 진섭을 제후 반열에 올려놓았다. 대부분의 역사서는 흔히 '진승(진섭)과 오광의 난'이라고 해서 진섭을 반란자로 평가절하했는데 반해 사마천은 민심이 떠난 진나라에 반기를 든 진섭을 제후 목록에 포함시킨 것이다.

제후도 아니고 스스로 왕을 칭한 적도 없는 공자를 세가에 포함시킨 것도 특이하다. 사마천은 공자를 제후에 버금가는 인물이라고 보고 세가 리스트에 넣었다. 반면 왕으로 임명되어 봉토를 다스렸지만, 나중에 반란을 일으켰거나 역사적으로 기억할 만한 업적을 남기지 않은 인물은 과감히 뺐다. 사마천은 사기를 어느 정도는 '제멋대로' 쓴 셈이다. 역사는 누가 뭐래도 해석하는 자의 몫이라는 말처럼.

어떻게
살 것인가

어떤 사람은 말했다.

"하늘의 도는 편애가 없고 늘 착한 사람을 돕는다."

백이, 숙제와 같은 사람은 정말 착한 사람 아닌가? 그들은 어질고 올바르게 살았지만 굶어 죽었다.

공자는 제자 가운데 안연만이 배우기를 좋아하고 어질다고 칭찬했다. 그러나 안연은 가난해서 끼니를 잊지 못할 정도였고 늘 배를 곯아 일찍 죽었다. 하늘이 착한 사람을 좋아한다면 이럴 수 있는가?

노나라의 악명 높은 도적인 도척은 매일 무고한 사람을 죽이고 사람의 간을 날로 먹을 정도로 잔인했다. 수천 명의 무리를 모아 돌아다니며 악행을 했지만 천수를 누렸다. 도대체 그에게 어떤 덕이 있어서 그런 것인가?

이런 것은 아주 두드러진 사례일 뿐이다. 근래에 보면 법에서 벗어난 행동을 하고 나쁜 짓만 골라서 하면서도 죽을 때까지 호강하고 자손까지 잘 사는 예가 많다. 반면 어떤 이는 말을 가려

서른 살 공맹노장이 답이다

『사기 열전』의 첫 내용은 '백이 열전'이다. 『맹자』 부분에서도 소개
한 바 있듯이 백이와 숙제는 은나라 제후국인 고죽국의 왕자들이다. 가
만히 있으면 왕이 될 수는 있을 인물들이었다. 그럼에도 이들은 권력을
양보하고 다른 나라로 갔다. 부귀, 영화, 권력을 한꺼번에 누릴 수 있었
는데, 뭐가 모자랐던 것일까?

『사기 세가』의 첫 편은 오 태백 세가다. 오나라를 세운 태백과 중옹
에 대한 이야기다. 그런데 태백의 스토리도 백이의 사례를 연상시킨다.
태백 중옹은 주나라 태왕의 아들이었는데 동생인 계력이 어질고 능력
이 있다는 것을 알고 왕위를 양보하고 남쪽으로 달아나버렸다. 동생 계
력은 후에 주 문왕이 되어 은나라의 폭정을 잠재우는 데 큰 공을 세우게
된다. 결국 태백과 중옹의 선택이 옳았던 거다.

이들이 오나라를 세웠고 20여대가 흐른 뒤, 계찰이란 어진 사람이
있었는데 이 양반도 형인 여매가 그에게 왕 자리를 물려주려 했으나 극
구 사양하고 다른 나라로 달아나 버린다. 왜들 그랬던 것일까?

한 사람의 마음에 어떤 이상이 자리 잡게 되면, 그 이상을 달성하기
전까지 모든 것을 무릅쓰는 게 위인들의 공통된 모습이다. 그 이상이란
올림픽 메달일 수도, 혁명일수도, 사랑일 수도 있다. 백이 숙제, 태백 중
옹, 계찰 등이 가진 이상은 무엇이었을까?

백이 숙제는 '어떻게 하면 옳은 삶을 살 수 있는가?'라는 물음에 대한 답을 찾으려는 이상이 있었다. 태백 중옹은 '왕위는 태어난 순서에 따라 물려받는 게 아니라 가장 어진 사람에게 돌아가는 것이 맞다'는 대의를 믿었다. 계찰 역시 '권력보다 중요한 것은 절개와 의로움이며 나는 이 가치를 지키겠다'며 임금 자리를 사양했다.

사마천은 이렇게 고결한 이상을 지키기 위해 권력을 거부한 사람들을 사기 첫 머리에 실었다. 어쩌면 자신의 모습을 그들에게 투영했던 것은 아닐까?

사마천은 백이 열전을 이렇게 끝맺는다.

공자는 말했다.
"군자는 죽은 뒤에 자기 이름이 알려지지 않을까봐 안타까워한다."(중략) 백이 숙제는 공자의 칭찬이 있고나서부터 그 명성이 더욱 드러났다. 안연은 공자라는 천리마의 꼬리에 붙었기에 품행이 더욱 드러났다. 바위나 동굴 속에 숨어사는 은사隱士는 세상에 나아갈 때와 물러날 때를 잘 선택하며 처세한다. 이런 사람들의 이름이 세상에 알려지지 않는 것은 슬픈 일이다. 시골에 파묻혀 사는 사람이 덕을 닦아 이름을 날리고자 하더라도 성현을 만나지 못한다면 어떻게 후세에 이름을 남길 수 있겠는가?

사마천은 공자가 백이 숙제를 찬양했기 때문에 이름이 더 알려졌다고 말하면서 자신도 이 불행한 성자들에 대해 한 번 더 기록했다.

사마천은 이처럼 질문 자체가 답이 되는 구절을 통해서 독자들에게

'백이의 비극이 하늘의 도인가?' 하고 묻는다. 착한 사람이 고통 받고 나쁜 사람이 잘 사는 것은 하늘의 도가 아니지 않은가라고 우리에게 말하는 건 아닐까? 이것이 진실로 옳은 것인가, 그른 것인가 물음으로써 생각할 거리를 던진 것인지도 모른다. 백이 숙제의 삶을 이야기 거리로만 보지 말고, 성인으로 받들지만 말고 그들의 삶 뒤에 숨은 모순과 교훈을 사색해 보라고.

역사란 모름지기 어떻게 흘러가야 하는지, 인생은 어떻게 살아야 하는지, 무엇이 중요한 가치인지 되물어 볼 일이다.

 한나라 문제 시절의 문인 가의가 말했다.
"욕심 많은 사람은 재물에 목숨을 걸고, 열사는 명예에 목숨을 걸며, 권력을 탐하는 자는 권세에 목숨을 걸고, 서민들은 그날그날에 목숨을 건다." 〈백이 열전〉

진정으로
사랑하려면

❀

한비가 지은 〈세난〉 편에는 이런 내용이 있다.

"옛날에 미자하라는 미소년은 위나라 왕의 총애를 받았다. 위나라 법에 따르면 왕의 수레를 몰래 타는 자는 다리를 자르는 형벌에 처했다. 어머니가 병이 나자 미자하는 왕명이라며 왕의 수레를 타고 대궐을 빠져 나갔다. 왕이 이 소식을 듣고도 미자하를 용서해줬다.

"미자하는 효자로다! 어머니의 병을 염려하여 다리 잘리는 형벌을 감내하려 했다니."

왕이 신하들을 데리고 과수원에 갔다. 미자하가 먼저 복숭아를 한 입 베어 물었다. 너무 맛이 있어 먹던 복숭아를 왕에게 바쳤다.

"미자하는 나를 끔찍이 생각하는구나. 먹고 싶은 걸 참고 내게 주다니."

세월이 흘러 미자하도 얼굴에 주름이 저 미모를 잃게 됐다. 왕의 사랑도 식었다. 어느 날, 미자하가 죄를 짓자 왕이 말했다.

❀

사기 열전에는 아름다운 용모로 사랑받던 사람은 아름다움이 사라지면 사랑을 잃는다는 말이 종종 나온다. 그렇다면 사랑은 무엇 때문에 하는 걸까? 아름답기 때문에, 멋지기 때문에만 사랑하는 것인가?

요즘도 남성들이 결혼할 상대 여성에게 원하는 조건 1순위는 외모다. 누군가는 외모가 한 순간이라고 말할지 모른다. 그래서 진실한 사랑의 조건이 될 수 없다고. 그러나 아름다운 외모의 이성을 보면 누구나 가슴이 설렌다. 그건 이성理性이나 지성으로 통제할 수 있는 게 아니다.

문제는 외모가 변한다는 것이다. 그럼 외모가 변하기 때문에 사랑도 변하는 것일까? 사랑이 변하기 때문에 외모가 다르게 보이는 건 아닐까. 사랑에 빠진 지 3개월 만에 헤어지고, 결혼한 지 반 년 만에 파혼하는 게 외모가 변해서 그런 건 아닐 테니 말이다.

외모가 변하는 속도보다는 마음이 변하는 속도가 더 빠르다. 우리의 마음은 하루에도 수십 번, 수백 번 변한다. 외모가 문제가 되는 것은 우리가 우리 마음의 변덕에 대처하지 못하기 때문이다. 어떤 연인들은 10년이 지나도 처음 만난 것처럼 사랑하고 어떤 부부들은 70년 동안 해로한다. 사소한 다툼에 이런 저런 시련도 겪지만 결국 한 사람만 사랑하면서 늙어가기도 한다.

앙드레 고르1923~2007라는 오스트리아 철학자가 있다. 사르트르와 실존주의를 논했고 1960년대 유럽 신좌파의 정신적 지주였으며 68혁명(학생과 노동자가 중심이 되어 1968년 프랑스에서 일어난 변혁 운동. 여성 해방, 보수체제 타파, 반전 등을 기치로 내걸었다)에 큰 영향을 끼친 사상가다. 일자리 나누기와 최저 임금제의 필요성을 역설한 선구적인 노동 이론가이자 환경문제를 지적한 지성인이기도 하다.

고르는 1947년 도린이라는 여성을 만나 사랑에 빠졌다. 2년 뒤 그녀와 결혼한 고르는 60년 동안 오직 그녀만 사랑한다. 1980년대 말 도린이 근육위축증이라는 불치병에 걸리자 고르는 모든 공직을 접고 아내의 병수발에 나선다. 매일 음식을 준비하고, 책을 읽어주고, 이야기를 나누다 함께 잠자리에 들었다. 그는 83세가 되던 해, 아내에게 이런 편지를 쓴다.

"당신은 곧 여든두 살이 됩니다. 키는 예전보다 6cm 줄었고, 몸무게는 겨우 45kg입니다. 그래도 당신은 여전히 탐스럽고 우아하고 아름답습니다. 함께 살아온 지 쉰여덟 해가 되었지만, 그 어느 때보다 더 나는 당신을 사랑합니다. 내 가슴 속에 다시금 애타는 빈자리가 생겼습니다. 오직 내 몸을 꼭 안아주는 당신 몸의 온기만이 채울 수 있는 자리입니다."

『D에게 보내는 편지』중에서

20년 동안 병수발을 하던 고르는 2007년 자택에서 아내와 동반 자살했다. 아내가 떠나면 혼자 남는다는 사실이, 첫사랑이자 마지막 사랑

서른 살 공맹노장이 답이다

인 아내 없이 세상을 살아가야 한다는 것이 무의미하고 두려웠기 때문이다. 오직 도린만이 고르의 존재 이유였던 것이다.

우리는 서로에게 미자하가 아닌 고르가 되고 싶다. 아니, 고르의 사랑을 받는 도린이 되고 싶다. 외모가 변할지라도 그에 맞추어 상대를 대하는 마음을 갖고 싶다. 변하는 것이 당연하다는 사실마저 받아들이는 사랑을 품고 싶다.

그러나 우리들 대부분은 미자하이거나 위왕이다. 사랑할 때는 어떤 짓을 해도 용서하다가, 미워할 때는 사소한 잘못도 참을 수 없어 한다. 그게 평범한 사람의 모습이다. 어떻게 하면 고르처럼, 도린처럼 될 수 있을까? 사랑에 빠지게 됐다고 되는 대로 사랑해 버리면 사랑은 완성되지 않고 이내 사라지고 만다. 온전한 사랑으로 가는 길은 멀고도 험하다.

"독사에 손을 물리면 그 손을 잘라야 합니다.
안 그러면 몸까지 해치기 때문입니다."　　　　　　　〈전담 열전〉

누군가의
친구가 된다는 것은

관중이 말했다.

"내가 가난했을 때, 포숙과 같이 장사를 한 적이 있다. 그때 이익을 나누면서 내가 더 많이 가져가곤 했는데, 포숙은 나를 욕심이 많다 하지 않았다. 한 번은 포숙을 대신해 어떤 일을 하다 실패해서 그를 더욱 힘들게 했지만 포숙은 나를 탓하지 않았다. 운세에 따라 좋은 때와 나쁜 때가 있다는 것을 알았기 때문이다.

나는 세 번 벼슬길에 나갔다가 세 번 다 군주에게 쫓겨났지만 포숙은 나를 부족하다 하지 않았다. 내가 때를 만나지 못했음을 알았기 때문이다. 내가 전쟁에 나갔을 때 세 번 싸워 모두 패하고 도망쳤지만 포숙은 나를 겁쟁이라고 하지 않았다. 내게 노모가 있음을 알았기 때문이다.

왕위를 놓고 내가 모시던 공자 규가 포숙이 모시던 공자 소백에게 패했을 때, 나와 함께 일하던 소홀은 죽었으나 나는 붙잡혀 목숨을 부지했다. 이때도 포숙은 나를 염치없는 자라 하지 않았

서른 살 공맹노장이 답이다

〈관 · 안 열전〉

이 고사에서 나온 말이 저 유명한 관포지교管鮑之交다. 관중은 춘추
시대 제나라를 중흥시킨 명재상이다. 기원전 686년 제나라 양공이 죽
었을 때, 그의 두 동생인 규와 소백이 군주 자리를 놓고 다퉜다. 이때 관
중은 규를 , 포숙은 소백을 지지했다. 관중은 자신의 주군인 규를 위해
활을 쏘아 소백을 죽이려 했으나 화살이 빗나가 소백은 천우신조로 살
아났다. 권력 다툼에서 소백이 이기자 자신을 암살하려 했던 관중을 없
애려 했다. 이때 관중의 오랜 친구인 포숙이 말했다.

"폐하께서 제나라만 다스리려 하신다면 소신으로 충분합니다. 그러
나 천하를 다스리시려면 관중이 아니면 불가능합니다. 관중을 얻는 자
가 곧 천하를 얻을 것입니다."

이렇게까지 말해 줄 친구가 우리에겐 과연 있을까? 관중의 능력이
그만큼 뛰어나기도 했겠지만 포숙의 관중에 대한 믿음은 정말 대단하다.

소백은 포숙의 말을 듣고 관중을 재상에 임명했다. 포숙은 관중의
아랫자리에 만족해했고 관중은 포숙의 기대에 어긋나지 않게 훌륭히 국
정을 수행했다. 몇 년 뒤 제나라는 수많은 나라를 제압하고 최강국이 됐
으며 소백은 제 환공으로 춘추시대 5대 패자 중 첫 번째 패자가 돼 천하
를 호령했다. 후세 사람들은 관중의 능력도 높이 샀지만 그를 알아본 포
숙의 현명함도 칭찬했다. 중국의 역사가들은 관중보다 포숙을 더 높이

❀

사기 열전

평가하기도 한다. 뛰어난 능력을 가진 사람보다도 그 능력을 알아주는 사람이 더 훌륭하다는 점에서다.

나는 관중의 능력도, 포숙의 현명함도, 제 환공의 아량도 부럽지 않다. 포숙의 우정이 부러울 뿐이다. 눈앞의 이익에 급급해 하지 않고 큰 그림을 그릴 줄 아는 친구. 내가 좀 더 많이 가져도 눈감아 주는 친구. 내 과거와 현재를 보지 않고 내 미래를 보는 친구. 이런 친구가 있다면 얼마나 좋을까?

당신은 당신의 포숙을 가졌는가? 내 괴로움을 기꺼이 나누려는 친구, 내 능력을 알아주는 친구, 나를 믿어 주는 친구, 생각만 해도 자랑스러워지는 그런 친구가 있는가?

 "옛말에 '토끼를 잡으면 사냥개를 삶아 죽이고 새가 없어지면 좋은 활은 치워 버리며 적을 무찌르면 지략있는 신하는 죽임을 당한다'고 했다. 천하가 평정되고 나니 내가 죽는 것은 당연하구나."

〈회음후 열전〉

 서른 살 공맹노장이 답이다

리더십을
지니고 싶은가

오기는 장군이 되어 하급 병졸들과 똑같이 먹고 입었다. 잠을 잘 때도 자신을 위한 자리를 깔지 못하게 하고 행군할 때도 말이나 수레를 타지 않았다. 이처럼 병사들과 고락을 같이 했다. 한번은 종기가 나 곪은 병사가 있었는데 오기가 그를 위해 입으로 고름을 빨아주었다. 병사의 어머니가 그 이야기를 듣고는 소리 내어 울었다. 어떤 사람이 의아하여 물었다.

"당신 아들은 졸병에 지나지 않는데 장군께서 친히 고름을 빨아주셨소. 그런데 어찌 하여 그토록 슬피 우시오?"

그 어머니가 대답했다.

"예전에 우리 아이 아버지가 종기로 고생할 때 오기 장군이 고름을 빨아 준 적이 있었습니다. 그 일에 감격한 아이 아버지가 자기 몸을 돌보지 않고 싸우다가 끝내 전사하고 말았습니다. 오기 장군이 이제 또 제 아들의 고름을 빨아주었다고 하니, 저는 그 애가 언제 어디서 죽을지 몰라 이렇게 우는 것입니다."

〈손자 · 오기 열전〉

오기는 파란만장한 일생을 산 인물이다. 오기는 지고는 못 사는 성격이었다. 젊은 시절 집안이 부유했지만, 벼슬을 얻기 위해 여기저기 로비를 하느라 재산을 탕진하고 말았다. 동네 사람들이 그를 비웃자, 자신을 비웃던 사람 30여명을 모조리 죽이고 달아났다. 어머니가 쫓아오자 오기는 팔뚝을 물어뜯으며 "성공하기 전에는 돌아오지 않겠습니다"라고 말한 뒤 떠났다. 결기가 보통 무서운 사람이 아니다.

오기가 공자의 제자인 증자 밑에 들어가 공부할 때였다. 어머니가 돌아가셨다는 연락을 받은 오기는 반나절을 울더니 다시 공부했다. 스승 증자는 "효를 갖추지 않은 자를 가르칠 수 없다"며 오기를 파문한다.

오기는 증자를 떠나 병법을 배운 뒤 노나라 군주를 섬겼다. 오기는 노나라가 제나라의 침공을 받게 되자 전투에 나섰다. 하지만 노나라 군주는 오기의 아내가 제나라 사람이어서 미심쩍어했다. 그러자 오기는 아내의 목을 베어 노나라 군주 앞에 내던지며 말했다.

"자, 이제 저를 믿으시겠습니까?"

목표를 위해선 어머니의 죽음에도 흔들리지 않고 아내마저 죽이는 오기의 모습에 노나라 군주와 신하들은 기겁을 했다. 오기가 제나라를 물리치고 돌아왔지만, 노나라 군주는 여전히 의심을 품었다. 제 아내도 죽이는 놈인데 누군들 못 죽이겠어. 어리석은 왕은 신하가 충성을 해도 이렇게 의심한다.

오기는 결국 노나라를 떠나 위나라에서 장수가 됐다. 고름을 빨아 병사를 치료한 이야기는 이 시절의 일화다. 춘추전국시대 전쟁터에서 장수는 왕과도 같은 존재다. 그런 장수가 오기처럼 병졸들과 똑같이 입고, 똑같이 먹는다면? 자기 식량을 지고 행군하고, 자리도 깔지 않고 잠

서른 살 공맹노장이 답이다

을 잔다면? 부하의 등에 난 고름을 친히 빨아 고쳐 준다면? 어느 부하
가 따르지 않겠는가? 오기는 전장에서 힘이나 명령이 아니라 마음으로
병사들을 지휘했다. 리더십의 요체가 무엇인지를 극명하게 보여준 셈
이다.

　　부하의 마음을 사로잡은 대표선수로는 유비를 꼽곤 한다. 유비가 장
판에서 조조 대군에 쫓겨 달아날 때다. 조자룡이 위기에 빠진 유비의 가
족을 구하기 위해 필마단창으로 조조군을 짓쳐 들어가 유비의 어린 아
들 유선을 구해왔다. 갑옷 속에서 잠들어 있는 유선을 건네면서도 조자
룡의 심정은 참담하기만 했다. 유비의 부인이 스스로 짐이 될까 싶어 우
물에 빠져 자결했다는 사실을 고해야 했기 때문이다.
　　아이를 받아들고 물끄러미 바라보던 유비가 갑자기 어린 아들을 내
던져버렸다. 깜짝 놀란 조자룡이 아기를 안아 올리며 “왜 그러시옵니
까?” 황망히 묻자 유비가 말했다.
　　“이 아이 때문에 그대 같은 귀한 장수를 잃을 뻔하지 않았소? 어린
애야 다시 낳으면 되지만, 천하의 용장은 그럴 수 없거늘!”
　　유비의 그 말에 조자룡은 땅에 이마를 찧으며 감동의 눈물을 흘렸다.

　　부하들은 마음을 다 하는 리더를 위해 목숨 걸고 싸우는 법이다. 장
수가 위기에 빠져도, 비록 지략이 떨어져도 상관하지 않는다. 장수의 사
랑과 은혜를 입으면 무조건 그 장수를 지켜내려 한다. 그들에게는 이미
전쟁의 승패조차 의미가 없다. 장수가 “후일을 도모하기 위해 퇴각하겠
으니, 너희들은 여기를 지켜라”라고 말해도 목숨을 바칠 것이다.

❀

사기 열전

누구나 리더가 되고 싶어 한다. 그렇다면 생각해봐야 한다. '저런 리더 밑에서 일하고 싶다'는 생각을 갖게 하는 요소가 뭔지. 리더가 되고 싶은가? 먼저 팔로워들의 고름을 빨아라.

"졸렬한 왕은 자신이 좋아하는 자에게 상을 주고 미워하는 자에게 벌을 주지만 현명한 왕은 공이 있는 자에게 상을 주고 죄 있는 자에게 벌을 내린다고 했습니다."　　　　　　　　　　　　　　〈범수·채택 열전〉

　　서른 살 공맹노장이 답이다

목숨을
바친다는 것은

예양은 진나라 사람으로 지백을 섬겼다. 지백이 조 양자를 치자 조 양자는 한나라, 위나라와 연합하여 지백을 멸망시키고 그의 땅을 셋으로 나누어 가졌다. 지백을 뼛속 깊이 증오했던 조 양자는 지백의 두개골에 옻칠을 하여 요강으로 만들었다. 예양은 달아나면서 다짐했다.

'사나이는 자기를 알아주는 사람을 위해 죽고, 여자는 자기를 좋아하는 사람을 위해 꾸민다고 했다. 지백은 나를 알아주었다. 내 기어코 목숨을 바쳐 지백의 원수를 갚으리라. 그렇게 보답해야만 내 영혼이 그에게 부끄럽지 않으리.'

그때부터 예양은 이름을 바꾸고 죄인으로 가장하여 조 양자의 궁에 들어가 변소 벽을 바르는 일을 했다. 그는 항상 몸에 비수를 지니고 다니며 조 양자를 찔러 죽일 기회만 노렸다. 조 양자는 변소에 들어가기만 하면 가슴이 떨려 이상하게 여겼다. 이에 변소 벽을 칠하는 이를 심문해 보니 그가 곧 예양이었다. 그는 이렇게 말했다.

"나는 지백의 원수를 갚으러 왔소."

조 양자의 부하들이 그를 죽이려 하자 조 양자가 말했다.

"의리 있는 자다. 내가 조심하고 피해 다니면 되지 않느냐. 한때 신하된 자로서 주인을 위해 복수를 하려 하니 그야말로 천하의 현인이다."

그러면서 예양을 놓아주었다. 얼마 후 예양은 온 몸에 옻칠을 하여 문둥이로 가장하고 숯을 삼켜 목소리를 거칠게 하여 남들이 알아보지 못하게 했다. 그리고는 거리로 나가 거지 행세를 했는데 그의 아내도 알아보지 못했다. 한 친구만이 그를 알아보고 말했다.

"자네 예양 아닌가!"

"그렇다네."

"이 사람아. 자네의 재능으로 조 양자를 섬긴다면 그도 자네를 가까이 할 것일세. 왜 하필 몸을 해치고 흉하게 모습을 바꿔 복수하려 하는가?"

예양이 자세를 바로하고 말했다.

"지금 내가 하는 일은 매우 힘이 드네. 그럼에도 이렇게 하는 이유는, 후세에 남의 신하가 된 자로서 두 마음을 품고 주인을 섬기는 자가 있다면 그를 부끄럽게 하기 위함일세."

<자객 열전>

자객은 요즘말로 하면 킬러다. 귀족이나 왕족 밑에서 일하면서 목숨 바쳐 그들을 호위한다. 한비자는 자객에 대해 '칼을 들고 횡행하며 국법

    서른 살 공맹노장이 답이다

에 도전하는 자'로 규정해 단호히 처단해야 한다고 주장했다.

그러나 사마천의 생각은 유연하고 신선하다. 비록 칼잡이지만 "말에 신의가 있고, 행동이 분명하며, 불의를 보고 참지 못하는 점과 자신의 공을 내세우지 않는 품성은 높이 평가해야 한다"고 말했다. 그러면서 자객을 당당히 역사서의 한켠에 기록한다. 자객 열전에는 인용문에 나오는 예양 말고도 조말, 전제, 섭정, 형가 등이 등장한다.

예양은 인용문에서 보듯 지백의 부하다. 지백을 죽인 조 양자를 암살하려고 하다 한 번은 풀려났고 두 번째에는 발각되어 죽임을 당할 처지가 된다. 조 양자는 예양을 이렇게 꾸짖었다.

"너는 지백 이전에 범씨와 중항씨의 부하였다. 지백이 그들을 멸망시켰지만 너는 지백에게는 복수하지 않고 오히려 그를 섬겼다. 지백은 이미 죽었는데 왜 유독 그를 위해 이토록 끈질기게 복수하려는 것이냐?"

예양이 답한다.

"범씨와 중항씨는 모두 나를 보통 사람으로 대했기에 나도 그들을 보통 사람으로 대했다. 그러나 지백 어르신은 나를 국가에서 가장 귀한 사람처럼 대했기에 나 역시 그에게 이렇게 보답하려는 것이다."

이 말을 듣고 조 양자는 감탄하며 눈물을 흘렸다.

"그대는 정말 충성스러운 사람이오. 그래서 내가 지난 번에는 풀어 주었소. 그러나 나를 죽이려는 사람을 두 번이나 놓아줄 수는 없소."

조 양자는 군사들에게 명해 그를 에워싸게 했다. 예양은 조 양자에게 "당신 옷이라도 벗어주면 찔러서 복수하려는 뜻을 이루겠다"고 간청한다. 예양의 충성심에 감동한 조 양자는 옷을 벗어준다. 예양은 칼로 조 양자의 옷을 세 번 찌르고는 스스로 목숨을 끊었다.

예양과 조 양자가 만나는 대목은 『사기 열전』에서 가장 낭만적인(!) 장면 중 하나다. 목숨이 왔다갔다하는 그 순간에 영화에나 나올 법한 대사를 주고받고 있다. 지백에 대한 예양의 충절에 절로 고개가 끄덕여지지만, 자신을 살해하려는 적을 대하는 조양자의 품격도 그에 못지않다. 2000년 전에 살았던 남자들의 충심과 의리가 새삼 가슴을 건드린다.

자객 열전을 읽으면서 우리는 너무 약삭빠르게 살고 있는 게 아닐까, 돈 몇 푼에 의리를 저버리고 있는 것은 아닐까 생각하게 된다. 미련해 보일 정도로 우직했던 자객들의 삶, 아무 미련 없이 자신을 내던질 줄 알았던 그들의 죽음 앞에서 어떻게 사는 것이 의미 있는 삶일까, 어떻게 죽는 것이 값진 죽음일까 되묻는 것도 고전을 읽는 이유 중 하나다.

 빈객 중 한 사람이 위공자에게 말했다.
"무릇 일에는 잊어선 안 될 것과 잊어야 할 것이 있습니다. 남이 위공자님께 베푼 은혜는 잊어선 안 되지만 위공자님이 남에게 베푼 은혜는 잊으셔야 합니다."　　　　　　　　　〈위공자(신릉군) 열전〉

서른 살 공맹노장이 답이다

현자로
살아간다는 것은

＊

세상에 어진 자와 그렇지 못한 자를 분명히 구별해 내는 사람
은 흔치 않습니다. 어진 자들은 바른 길로 나아가도록 충고하
지만, 세 번 충고해서 듣지 않으면 물러납니다. 남을 칭찬하더
라도 보상을 바라는 일이 없고, 남을 미워하더라도 어떤 보복도
두려워하지 않습니다.

그들은 오직 나라를 평안하게 하고 백성들을 이롭게 하는 것만
을 염두에 둡니다. 그러므로 아무리 높은 벼슬을 내려도 자신이
적임이 아니라고 여기면 받아들이지 않고, 녹봉이 아무리 많아
도 자신의 공이 아니면 받지 않습니다. 또한 바르지 못한 사람
을 보면 그 지위가 아무리 높아도 공경하지 않고, 오점이 있는
사람을 보면 아무리 존귀한 신분이라도 자신을 낮추지 않습니
다. 벼슬을 얻더라도 기뻐하지 않고, 벼슬에서 물러나더라도 원
망하지 않습니다. 현자란 이런 자들입니다.

공들께서 가리키는 현자란 오히려 스스로 부끄러워해야할 자들
입니다. 앞으로 나아가기 위해 몸을 지나치게 낮추고, 아첨으로

＊

써 윗사람들의 얼굴에 웃음을 띠게 하며, 권세를 이용해 서로 끌어주고 이익을 나눕니다. 또한 파벌을 만들어 바른 인물을 배척하고 자신의 영달을 추구하며, 녹봉을 받으면서 사리사욕을 채우고, 국법을 제 마음대로 적용하여 백성들에게서 무거운 세금을 거두어들입니다. 관직을 이용해 위세를 부리고, 법은 남을 해치는 도구로 삼습니다. 이것이야말로 칼끝을 백성에게 겨누는 것과 무엇이 다르겠습니까?　　　　　　　〈일자 열전〉

〈일자 열전〉에서 사마계주라는 사람이 한 말이다. 일자日者란 점을 치는 사람을 가리킨다. 중국 고대 왕조는 천체를 관찰하고 길흉화복을 점치는 일을 매우 중요하게 여겼다. 사마천이 사기를 집필하던 기원전 1세기경에도 주술과 미신은 널리 통했다. 아무리 그래도 그렇지. 점쟁이까지 역사서의 인물들 속에 포함한 것은 튀는 관점이 아닐 수 없다. 사마천은 〈일자 열전〉을 이렇게 시작한다.

"예부터 하늘의 명을 받은 사람만이 왕이 되었다. 왕이 될 인물이 일어날 때는 반드시 점복으로 판단했다. 한 문제가 한나라 조정에 들어와 천자에 오른 것도 일자의 도움에 힘입은 바 크다."

한나라를 세운 고조 유방이 죽고 그의 아들 혜제가 등극했지만 생모인 여태후가 실권을 쥐고 정권을 좌지우지했다. 여태후의 독재가 주발과 진평 같은 유방의 참모진에 의해 끝났을 때, 대신들은 후임 황제로 유방의 셋째 아들 유항을 추대하려 했다.

유항은 여씨 일족을 멸한 뒤 어수선한 상황에 황제가 되는 것이 과연 괜찮을까 고민하고 있었고, 그의 생모 박태후도 머뭇거렸다. 유항은

서른 살 공맹노장이 답이다

일자에게 거북점을 쳐 보게 했다. 거북이 등을 태울 때 생긴 균열을 보고 일자는 이렇게 해석했다. "나는 장차 천자가 되어 아버지를 계승하고 업적을 이루리라." 이 말을 듣고 유항은 황제에 오르겠다고 결심한다.

과연 거북 등에 그런 글이 새겨졌을까? 아마도 민심과 당시의 형국을 알고 있었던 일자가 자기 식대로 풀이했을 것이다. 유항은 어질고 현명하다고 소문난 사람이었고, 여태후의 강권 통치에 지친 사람들은 유항 같은 사람이 황제가 되길 바랐다. 당시의 일자는 학식과 자연과학 지식을 지닌 사람이었으므로 유항이 황제가 되어야 민심이 안정된다는 걸 알고 있었을 것이다.

〈일자 열전〉에 소개된 사마계주 역시 학문이 깊고 지혜로운 사람이었으나 벼슬에 뜻이 없어 시장에서 점을 치며 가난하게 살았다. 어느 날 고관 송충과 가의가 세상의 이치를 밝혀 놓은 『주역』에 푹 빠졌다. 두 사람은 "점술가들 중에 현인들이 많다니 한 번 찾아가보자"며 의기투합했다.

저자 거리로 나간 그들은 몇몇 제자들에게 둘러싸여 있는 사마계주를 보게 됐다. 천지의 시작과 끝, 우주의 법칙, 인간 사회의 도리를 설파하는 그의 이야기를 듣고는 인사를 청했다.

"선생의 말씀을 들어보니 대단한 현자이십니다. 그런데 어찌 이렇게 지저분한 곳에서 천한 일을 하며 사시는지요?"

사마계주가 웃고 나서 되물었다.

"당신들이 말하는 현자는 어떤 사람이오?"

"높은 벼슬과 많은 녹봉을 받는 자가 아니겠소. 선생도 그런 지위에 있을 만한 분인데 어찌 길거리에서 백성들을 현혹하여 복채나 뜯고

계십니까?"

송충과 가의의 가소로운 질문에 사마계주는 위 인용문으로 답했다. 그리고 이렇게 덧붙인다.

"진정한 일자는 충과 효와 교육을 장려합니다. 또한 받은 복채로 병든 자를 낫게 하고 재앙을 물리쳐 어려운 이를 돕지요. 자신의 부와 명예를 추구하지 않고 세상의 이익을 앙망합니다. 가히 군자라 할 수 있지요. 반면 당신 같은 관리들은 부화뇌동할 뿐이니 어찌 현자라 할 수 있겠습니까?"

송충과 가의는 그의 말에 부끄러워 집으로 돌아갔다. 이쯤 되면 누가 더 백성을 위하고 누가 더 현명한지 자명해진다. 송충과 가의는 한 문제 때 황제를 보좌하고 태자를 가르칠 정도로 박식한 사람들이었다. 이런 사람들이 저자 거리의 점쟁이에게 현자란 어떤 사람인지 한 수 가르침을 받았다.

우리가 공부하고 책 읽고 훌륭한 선생을 찾는 이유는 현명한 사람이 되기 위해서다. 그런데 사마계주의 말에 의하면, 많이 배우고 많이 아는 사람이 현자가 아니다. 삶에 대해 초월하고 인간과 세상사에 의연한 사람이 현자다. 늘 용감하기만 한 사람이 아니라, 적당한 때 포기할 줄도 아는 사람이 현자다. 권력 있는 사람 곁에서 높은 지위에 오르는 사람이 아니라, 지위가 없더라도 민중을 걱정하는 사람이 현자다. 사마계주의 조용하지만 힘 있는 말을 한 번 더 음미해보자.

서른 살 공맹노장이 답이다

궁지에 몰려 있다면

사기 열전

전투가 한군의 승리로 끝나고 나서 장수들이 한신에게 물었다.
"병법에서는 산은 오른쪽에 두고 강은 왼쪽에 두라 했습니다.
그런데 이번에 장군께서는 도리어 등 뒤에 강을 두고 조나라 군
사를 깨뜨린 뒤 연회를 베풀겠다고 하셨습니다. 저희는 속으로
이해가 되지 않았습니다. 그러나 마침내 승전했습니다. 과연 이
는 어떤 전법입니까?"
한신이 대답했다.
"병법에 죽을 곳으로 몰아넣은 다음이라야 살게 되고, 망하게
될 곳을 둔 다음이라야 멸망하지 않는다는 말이 있소. 나는 선
비들을 가려 뽑아 전장에 나온 것이 아니라 하루하루 근근이 살
아가는 보통 사람들을 데리고 왔소. 이들은 기꺼이 나아가 싸
우기보다는 기회를 보아 탈출하여 목숨을 부지하려는 사람들이
오. 그러다 보니 사지로 내몰아 죽기 살기로 싸우게 하지 않을
수 없었소. 만약 살아갈 길이 있었다면 저들은 모두 달아났을
것이니 어찌 적을 이길 수 있었겠소?" 〈회음후 열전〉

기원전 2세기 경 진나라가 망하자 초楚의 항우와 한漢의 유방이 패권을 다투고 있었다. 한나라의 대원수 한신은 초나라를 치기 전에 주변국인 대, 조, 연, 제를 차례로 제압했다.

조나라를 함락시킬 때의 일이다. 한신은 일단 조나라 수도 정형으로부터 30리 떨어진 험지에 진을 치고 세작들을 풀었다. 세작들은 조나라 안으로 들어가 조나라가 한신의 공격에 어떻게 대비하고 있는지 염탐했다.

조나라 왕 조헐은 모사 진여와 이좌거를 불러 상의했다. 이좌거가 말했다.

"한군은 먼 길을 달려와 보급 수송에 취약점이 있습니다. 정면대결을 피하고 한군의 후방을 급습해 군량미부터 불살라 버리십시오."

그러자 진여는 "이좌거의 전략은 겁쟁이의 술수일 뿐입니다. 천 리를 달려온 한군은 지쳐 있으니 쉴 틈을 주지 말고 바로 공격해야 합니다"라고 간했다. 조왕은 진여의 의견을 받아들여 기습공격을 하기로 결정한다.

세작들을 통해 조나라의 대응책을 전해들은 한신은 "이좌거의 말대로 했으면 우리는 큰일 날 뻔했다"며 가슴을 쓸어내렸다. 군사들은 지친 데다 보급로가 길어 군량미 수송에 어려움을 겪고 있었기 때문이다.

한신은 저수 강변에서 강을 등지고 조나라의 기습에 대비한다. 조나라 군대는 도망갈 곳이 없는 한신의 군대를 얕잡아 보고 20만 대군으로 물밀듯 공격해 온다. 한신은 따로 2000명의 기병을 뽑아 정형성을 기습하게 하고 남은 군대 1만 명으로 조나라 군에 대적했다. 한나라 장수와 군사들은 '앞에는 적, 뒤에는 강'이라는 극단적인 상황에서 죽음을 무릅쓰고 반격해 조나라 군대를 물리쳤다.

한군의 반격이 만만치 않음을 깨달은 조나라 군이 정형성으로 돌아가려 했으나 성은 이미 한나라의 기병에 함락되어 한군의 깃발이 나부끼고 있었다. 전의를 상실한 조나라 군은 뿔뿔이 달아나고 조나라 왕헐은 사로잡혔다.

한신이 배수진을 친 까닭은 스스로 설명했듯이 아군의 상황을 정확하게 판단했기 때문이다. 당시의 병졸은 주로 농민군들이어서 기회만 있으면, 전세가 불리하다 싶으면 일단 도망쳐 목숨을 부지하려 했다. 한신은 이런 아군의 정황을 파악하고 도주로 차단이라는 역발상 전략을 쓴 것이다.

배수의 진을 이야기하다 보면 생각나는 사람이 있다. 웅진그룹을 이끄는 윤석금 회장이다. 1970년대 브리태니커 사에서 그가 영업사원으로 일하던 시절, 동료와 삼천포로 출장 갔을 때의 일이다. 하루 종일 지역 유지를 만나고 병원과 시장도 방문했지만 허사였다. 당장 점심 먹을 돈이 없었다. 당시 윤석금은 일부러 하루치 숙박비와 식대만 갖고 출장을 가곤 했다. 계약을 따내지 못하면 밥을 굶겠다는 배수진 전법이었다.

날이 저물어 두 사람은 여관으로 돌아와 지친 몸을 뉘였다. 다음 날 아침이 되었으나 여관을 나올 수 없었다. 전날 밤 여관비를 못 냈기 때문이다. 윤석금은 여관 주인에게 다른 사람이 돈을 가져오기로 돼 있으니 조금 기다려 달라고 사정하고 동료를 남겨둔 채 혼자 밖으로 나섰다. 그야말로 동료 직원을 인질로 맡기고 다시 말해 강을 등에 진 채, 주린 배를 움켜지고 죽기 살기로 전쟁터인 삼천포 거리로 나가 홀로 싸웠다.

오전 내내 열심히 뛰어다녔지만 역시 허사였다. 전날 점심부터 굶은 청년 윤석금은 너무 배가 고팠다. 시계를 전당포에 잡히고 끼니를 해결하고 싶었다. 여기서 꺾이면 안 돼. 계약하기 전에는 절대 밥을 먹지 않을 거야.

그는 점심도 거른 채 무작정 사람들을 붙잡고 책 설명을 해댔다. 오후 다섯 시쯤 되었을 때 어느 개인 의원에 들렀다. 말할 기운조차 없었지만 사력을 다해 설명했다. 처음에는 별 반응을 보이지 않던 고객이 끝없이 이어지는 설명에 조금씩 관심을 보였다. 마침내 의사는 고개를 한 번 끄덕이더니 말했다.

"하나 합시다."

이틀을 굶어 따낸 계약이었다. 계약금을 받은 윤석금은 여관으로 돌아와 여관비를 치르고 동료와 밥을 먹었다. 그리고 그대로 쓰러져 잠이 들었다. 그 다음 이틀 동안 윤석금과 동료는 열 건의 계약을 성사시키고 돌아왔다.

청년 윤석금은 위기에 처했을 때 자신을 극한 상황으로 몰고 감으로써 위기를 극복했다. 어찌어찌하다 보니 뒤에 강이 나타난 것이 아니었다. 처음부터 강이라는 난관을 만들어 놓고 그 상황이 자신을 채찍질하게 했다.

우리가 지금 처해 있는 상황은 혹시 습관적으로 적응한 결과가 아닐까? 우리의 등짝을 내려칠 채찍이 없어서 그렇게 된 게 아닐까? 충분히 더 달릴 수 있는 근육과 의지가 있는데도 우리를 뛰게 해줄 기수가 없어서 그런 게 아닐까?

서른 살 공맹노장이 답이다

무한경쟁을 하면서 21세기를 살아가는 우리는 어떤가? 의식하지 않아서 그렇지 문 밖으로 한 발짝만 나가도 다 강이고, 삼천포다. 그냥 넋 놓고 살다가는 언제 휩쓸려갈지 모른다. 다시 일어나고 싶다면 지금 당장 배수의 진을 쳐야 한다. 마음속에.

 맹상군은 그에게 오는 손님은 모두 귀천에 관계없이 동등하게 대했다. 그가 손님과 이야기를 나눌 때면 병풍 뒤에 서기를 두어 대화 내용을 기록하게 했다. 맹상군은 반드시 손님의 거처와 친척들이 사는 곳까지 물었는데 손님이 가고 나면 즉시 사자를 보내 그 손님의 가족과 친척들이 사는 곳에 예물을 보냈다.　　　　〈맹상군 열전〉

소신대로
살기 위해서는

❀

소진이 말했다.

"신은 이런 이야기를 들었습니다. 어떤 사람이 관리가 되어 먼 곳에 가 있는 동안 그의 처가 다른 남자와 정을 통했습니다. 남편이 돌아올 때가 되어 정부가 걱정을 하자 그 여자가 말했습니다.

"걱정하지 마세요. 제가 독약 탄 술을 만들어 놓았습니다."

사흘 후 남편이 돌아오자 처는 첩에게 술잔을 들려 남편에게 권하도록 했습니다. 주인을 사랑하는 첩은 술에 독이 들어 있다는 말을 하고 싶지만 그러면 처에게 쫓겨날 것이 두려웠고, 말하지 않자니 주인이 죽게 될 것이 두려웠습니다. 그래서 일부러 넘어져 술을 엎질렀는데 주인이 크게 노하여 채찍으로 50대나 때렸습니다. 첩은 일부러 넘어져 주인과 처를 모두 살렸지만 매는 면할 수 없었습니다. 충성을 다하는 사람은 절대 죄를 짓지 않는다고 어찌 말할 수 있겠습니까?" 〈소진 열전〉

❀

영국의 찰스 스펄전 목사1834-1892는 생전에 '설교의 황태자'란 소리를 들었다. 그 목사 부부는 암탉을 몇 마리 길렀는데 닭이 알을 낳으면 꼭 돈을 받고 팔았다. 사람들은 저 유명한 목사가 몇 푼이나 된다고 계란을 팔지, 의아해했다. 그러면서 구두쇠라고 헐뜯었지만 목사 부부는 대꾸하지 않았다.

스펄전 목사 부인이 죽었을 때 장례식에 온 가난한 과부 두 사람이 서럽게 울었다. 사람들이 그 이유를 묻자 "목사님과 부인께서 계란 판 돈을 전부 생활비로 쓰라고 주셨다"고 했다.

스펄전 목사 부부는 성경 말씀대로 산 사람이었다. 마태복음 6장 4절에 이런 말이 있다. "네 구제함이 은밀하게 하라. 은밀한 중에 보시는 너의 아버지께서 갚으시리라." 사람들이 뭐라 하든 스펄전 목사는 상관하지 않았다. 다 갚아주시리라 믿었던 것이다.

법정 스님도 누구에게 잘 보이려고 산 분이 아니다. 생전에 베스트셀러를 많이 쓴 법정 스님은 초가 하나를 지어 놓고 '무소유'로 살았다. 스님이 때때로 출판사에 전화를 해서 "인세를 빨리 입금해 달라"고 했다. 출판사 사장은 스님이 말로만 무소유라 하고 뒤로는 돈 쓰는 재미에 빠지신 거 아닐까 오해를 했단다. 그런데 스님이 돌아가시고 나서야 내막을 알았다. 스님이 어려운 학생들 학비를 대고 있었는데 등록금 낼 때가 되어서 독촉을 했다는 것이다.

우리는 가끔 이렇게 말한다. "내가 이걸 왜 하나. 누가 알아주는 것도 아닌데." 누가 알아주길 바라는가? 상사가? 선배가? 부모님이? 친구가? 그건 우리 마음대로 되는 게 아니다. 우리를 바라보는 사람의 입장에 따라 우리 행위를 제각각 해석하기 때문이다.

❀

사기 열전

어떤 사람은 벌을 피하기 위해 행동하고, 어떤 사람은 보상을 받기 위해 행동한다. 어떤 사람은 자기 만족을 위해 행한다. 이중에 가장 차원 높은 사람은 누굴까? 당연히 자신을 만족시키기 위해 행동하는 사람이다. 스펄전 목사나 법정 스님이 다 그런 사람들이다. 자신이 만족하면 그만이었다. 다른 사람들이 아무리 비난해도 침묵할 수 있었던 것은 자신의 행위에 스스로 만족했기 때문이다. 자기 행동에 대한 판단을 오로지 자기 자신에게 맡겼기 때문이다.

소진이 예로 든 첩만 해도 그렇다. 첩은 주인을 위해 자신을 희생했다. 그를 살리기 위해 일부러 술상을 엎었다. 그녀의 연극 때문에 주인 남자는 목숨을 건졌다. 그러나 그녀가 희생했다는 사실을 누가 알아줄까? 주인 남자는 자기를 살려준 줄도 모르고 첩에게 채찍질이나 한다. 남자를 죽이려던 처 역시 술상을 엎은 첩을 학대했다. 그녀의 의도는 아무도 몰라준다. 오히려 오해만 사고 매까지 맞았다.

하지만 등에 채찍 자국이 남은 채 잠자리에 들면서 그녀는 아무도 모르게 미소 지었을 것이다. 사랑하는 남자를 살렸기 때문이다. 자기 기준에 따라 스스로 만족했기 때문에 제 몸 다치는 걸 감수한 거다.

누군가에게 욕먹지 않기 위해 뭔가를 한다면 아이 수준에서 벗어나지 못한 것이다. 누가 알아주든 말든 상관하지 않고 자기 소신대로 사는 것. 이게 바로 성숙한 사람의 태도다.

서른 살 공맹노장이 답이다

너무 빡빡하게
살고 있지 않은가

진秦나라 효공이 죽고 태자가 왕위에 올라 혜문왕이 되었다. 공자 건과 그를 따르는 자들이 상앙이 반란을 일으키려 한다고 밀고했다. 왕은 관리를 보내 상앙을 잡아 오게 했다. 상앙은 달아나 변방 함곡관 부근의 여관에 들어갔다. 여관 주인은 여행증명서를 요구했지만 상앙은 급히 오느라 증명서를 가져오지 않았다. 여관 주인은 그가 상앙인지 모르고 이렇게 말했다.

"상앙이 만든 법에 의하면 증명서가 없는 손님을 재우게 되면 주인인 저도 처벌을 받습니다."

상앙은 탄식하며 말했다.

"아, 법을 만든 폐해가 결국 이 지경까지 이르렀구나."

〈상군 열전〉

전국시대 진나라 재상인 상앙의 원래 이름은 공손앙이었다. 재상이 되어 상商 땅을 하사받아 상앙이라 불리었다. 상앙은 진나라 효공을 도와 강력한 부국강병책을 시행한다. 상앙이 처음 효공에게 등용되어 개혁한 법의 내용이 자못 삼엄하다.

　-다섯 집 또는 열 집을 한 조로 삼아 서로 감시한다. 이웃의 죄를 고발하지 않는 자는 허리를 자르는 형에 처하고 고발한 자는 상을 준다.

　-한 집에 남자가 두 명 이상 있는데 분가하지 않으면 세금을 두 배로 부과한다.

　-왕족이나 귀족이라 해도 공이 없으면 공신첩에서 삭제하고, 신분과 등급을 분명히 한다.

　-한 집에서 소유할 수 있는 노비의 수, 의복, 첩의 수를 작위에 따라 달리한다. 공이 있는 자는 잘 살게 하고, 공이 없는 자는 사치하지 못하게 한다.

　상앙은 법을 알리기 전에 먼저 사람 키만 한 나무를 진나라 도읍의 남문 앞에 세우고 이렇게 공포했다.

　"이 나무를 북문으로 옮기는 자에게는 10금을 준다."

　그러나 아무도 그 말을 믿지 않았다. 상앙은 다시 상금을 50금으로 올렸다. 어떤 사람이 운동 삼아 그 나무를 옮기자 정말 50금을 주었다. 나라가 백성을 속이지 않는다는 것을 분명히 한 것이다. 그런 뒤 새 법을 공포했다. 1년 뒤 태자가 법을 어겼을 때, 상앙은 그를 처벌하려 했다. 그러나 임금의 대를 이을 사람을 벌할 수는 없어서 태자를 가르친 사람들을 처형했다. 백성들은 법을 어기면 태자도 무사하지 못하다는 사실을 깨닫고 철저히 법을 지켰다.

　10년이 지나자, 진나라는 상앙의 철통 같은 법 덕분에 많은 것이 변했다. 길에 물건이 떨어져도 줍는 사람이 없었고, 도둑이 없어졌으며 집집마다 풍족하여 모두 만족했다. 사사로운 싸움은 피했으나 전쟁에 나

서른 살 공맹노장이 답이다

가면 용맹했다. 사람들은 "예전에는 상앙의 법이 불편했는데 이제는 편하다"고 말했다. 상앙은 이 말을 듣고 "이렇게 아부하는 자 역시 나라를 어지럽히는 자다"라면서 모두 변방으로 내쫓았다. 얼마 뒤 공자 건이 법을 어기자 코를 베는 형에 처했다. 그러자 공자 건의 무리들이 그에게 앙심을 품었다.

상앙이 진나라 재상에 오르자 진나라 왕족과 귀족들 중에 그를 원망하는 자가 많아졌다. 성한 것은 쇠하기 마련이다. 상앙이 잘나가던 시절, 조량이라는 선비가 상앙을 찾아와 말했다.

"재상께서는 총명이 뭔지 아십니까?"

"그대는 뭐라고 생각하시오?"

"남의 말을 듣고 반성할 줄 아는 것을 총聰이라 하고, 스스로를 돌아보는 것을 명明이라 합니다. 순 임금은 스스로 겸손하면 존경을 받는다 했습니다. 재상께선 그러하십니까?"

"그대는 내가 얼마나 많은 업적을 쌓았는지 알고나 하는 소리요? 풍습을 고치고 경제를 일으키고 군대를 강하게 하여 다른 나라들이 부러워하는 나라를 만들었소."

"바로 그 때문에 재상께선 무너질 것입니다. 만약 재상께서 앞으로도 계속 이런 식으로 권력을 휘두른다면, 지금의 군왕이 죽은 뒤 원한을 풀려는 자가 한 둘이겠습니까? 모든 이의 머리 위에 오른 지금이 물러나실 때입니다."

그러나 상앙은 조량의 말을 따르지 않았다. 두 사람이 만난 지 5개월 뒤 상앙의 후원자였던 효문왕이 숨지고 태자가 왕 위에 올라 혜문왕이 되었다. 혜문왕과 측근들은 상앙에게 원한이 많았던 사람들이다. 그들은 상앙에게 반역죄를 뒤집어 씌웠다.

상앙은 궁지에 몰려 국경으로 달아났다. 밤이 되어 여관에 이르렀을 때 그는 하룻밤 숙박을 청했다. 하지만 여관 주인은 여행증명서를 요구하면서 그를 거절했다. 증명서가 없는 자를 재울 시에는 여관 주인도 처벌받는다는 법 때문이었다. 이 법은 누가 만들었을까? 바로 상앙이 만들었다. 결국 그는 자신이 만든 법망에 걸려 잠자리도 얻지 못하는 신세가 되었다.

반역죄로 궁지에 몰린 상앙은 이판사판으로 군사를 모아 실제로 반란을 일으켰다. 혜문왕은 그를 잡아들여 거열형이라는 참혹한 벌로 처단했다. 거열형은 네 대의 마차에 사지를 묶어 찢어 죽이는 형벌이다. 상앙이 만든 법에 의하면 나라에 반역한 자는 거열형에 처하고 일족을 멸한다고 되어 있다. 그는 자신의 법대로 처형당했고 그의 일가친척 역시 모두 죽임을 당했다.

상앙이 만든 법 때문에 진나라는 강국이 되었지만 가혹한 형벌 때문에 수많은 백성들이 고통을 받았다. 사형이 남발되고 부역이 많아 원성이 자자했다. 때문에 상앙이 사형당했을 때 후련해 하지 않은 자가 없었다.

한 나라의 재상으로 억만금의 재산을 지녔고 한 마디 말로 천하를 좌지우지했던 상앙이 자기 한 몸 누일 곳을 찾지 못하리라고 상상이나 했을까? 자신이 처형을 당하리라는 생각을 한번이라도 해봤을까?

세상을 살다 보면 우리의 삶이 철저하게 계산적으로 돌아간다는 걸 확인할 때가 많다. 10만큼 베풀면 10만큼 받게 된다. 상대에게 10만큼의 상처를 주면 언젠가는 또 그만큼의 아픔을 돌려받게 되어 있다.

서른 살 공맹노장이 답이다

돈과 마찬가지로 권력도 돌고 돈다. 힘이 있을 때 관대하지 않으면 나중에 힘이 없어졌을 때 비참해진다. 돈이 있을 때 베풀지 않으면 곤궁해졌을 때 외로운 법이다. 잘 나갈 때 삼가고 잘 나갈 때 베풀어야 한다.

 "유세하는 사람들은 누구나 합종(진나라를 상대로 다른 나라들이 뭉치는 정책)을 하면 이롭다고 합니다. 왕들은 그들의 교묘한 말에 속아 넘어가지요. 신이 듣기를 깃털도 많이 쌓으면 배가 가라앉고, 가벼운 물건도 많이 실으면 수레바퀴가 부러지며, 여러 사람이 떠들면 무쇠를 녹이고 여러 사람이 욕하면 뼈도 녹인다 했습니다. 왕께서는 잘 살피시기 바랍니다." 〈장의 열전〉

사기 열전

부자들은
어떻게 생각할까

❀

주나라에 백규라는 사람이 있었다. 그는 시세의 변동을 눈여겨 봤다. 사람들이 버리고 돌보지 않는 것들은 사들이고 사람들이 모두 사려고 할 때는 내다 팔았다. 풍년이 들면 곡식을 사들이고 실과 옷을 내다 팔았고, 흉년이 들면 곡식을 팔고 누에고치와 비단을 사들였다.

풍년과 흉년을 예측해서 거래한 결과 백규는 해마다 재산이 배로 늘었다. 그는 거친 음식을 기꺼이 먹고, 절제했으며, 옷을 검소하게 입고 종들과 고락을 함께 했다. 다만 시기를 정해 행동할 때는 맹수나 매가 먹이를 낚아채듯 했다. 그가 말했다.

"나는 사업을 할 때 마치 이윤과 태공망이 정치를 하듯 했고, 손자와 오기가 병법을 쓰듯 했으며, 상앙이 법을 시행하는 것과 같이 했다. 많은 사람들이 내게 배우고자 하나 임기응변의 지혜가 없거나, 결단하는 용기가 없거나, 베풀 줄 아는 어짊과 지켜야할 것은 끝까지 지키는 지조가 없는 자에게는 가르칠 수 없다."

〈화식 열전〉

❀

사마천은 『사기 열전』의 마지막 장 〈화식 열전〉을 부에 대한 에세이로 채운다. 〈화식 열전〉은 춘추시대부터 한나라 당시까지 주목할 만한 부자들의 이야기를 모은 것이다. 화식貨殖의 화는 '재물', 식은 '불린다'는 뜻이니 재산 증식하는 방법에 대한 이야기다.

여기에는 월나라 왕을 도와 오나라를 물리치게 한 뒤 재야에 묻혀 유통으로 큰돈을 번 범려, 공자의 제자로 장사와 무역을 통해 부자가 된 자공을 비롯해서 다양한 부자들이 등장한다.

재테크 고수들 몇 사람을 예로 들어 보자. 오지현의 나씨는 목축업으로 가축을 늘렸다. 그는 가축을 팔아 귀한 비단을 사서 융땅의 왕에게 바쳤다. 융에는 비단이 귀하고 가축이 흔했다. 융왕은 나씨에게 보답으로 처음 나씨가 팔았던 가축의 열 배에 해당하는 가축을 하사했다.

선곡 땅에 사는 임씨는 진나라가 망했을 때 금은보화를 차지할 수 있었으나 오직 곡식을 사들여 창고에 가득 숨겨두었다. 얼마 뒤 초나라와 한나라가 형양에서 싸울 때 곡식이 떨어지자 쌀 한 가마니가 수십 배로 뛰었다. 사람들은 금은보화를 풀어 임씨의 곡식을 살 수 밖에 없었고 임씨는 부자가 됐다.

사마천은 이런 사례를 들면서 너무도 솔직하게 부에 대해 말한다. "조정에 나가 관리가 되는 것이나 선비가 높은 명성을 얻으려는 것이나 미녀들이 얼굴을 아름답게 꾸미고 거문고를 타는 것, 상대 남자 나이의 많고 적음을 가리지 않는 것은 결국 부를 쫓기 때문"이라고. 마치 『부자 아빠 가난한 아빠』 같은 경제 경영서에나 나올 법한 말이다. 사마천은 부와 인간관계가 밀접한 관계가 있다고 말했다.

❀

재산이 없는 자는 날품을 팔고, 약간의 재물이라도 있는 자는 지혜를 써서 더 벌려고 하고, 많은 재산을 가진 자는 더 큰 재력가가 되려고 한다. 생계를 꾸려 나가면서 수입을 얻는 것은 누구나 바라는 것이다.

산 속에 묻혀 사는 청빈한 선비도 아니면서 가난과 천함에서 벗어나지 못하는 자가 말로만 인의를 떠드는 것은 부끄러운 일이다.

대개 사람들은 상대의 재산이 자기의 열 배가 넘으면 그를 무시하고 헐뜯지만 백 배가 넘으면 두려워한다. 천 배가 넘으면 그를 위해 기꺼이 심부름을 하고, 만 배가 넘으면 어떻게든 그의 밑에서 종노릇이라도 하려 한다. 이것이 만물의 이치다.

마지막 구절을 읽고 나면 등골이 서늘해진다. 상대의 재산 앞에서 사람들이 어떻게 처신하는지를 너무도 냉혹하게, 그러나 대단히 현실적으로 지적하고 있지 않은가? 2000년이 지난 지금도 사마천의 정확한 통찰은 그대로 적용되는 것 같다. 그의 말에 100% 공감하는 건 아니지만 누군가를 평가할 때 딱 그가 가진 재산만큼만 인정해 주는 사람이 없다고는 말하지 못하겠다.

주나라 사람 백규는 '정치가가 정치를 하듯, 장수가 병법을 쓰듯' 사업을 해서 성공했다. 그의 말에도 동의한다. 다른 모든 일처럼 부자가 되는 것도 역시 지혜와 노력의 소산인 것은 맞다.

어떻게 보면 인생을 산다는 것은 한편으로는 내 능력을 돈으로 바꾸는 일이기도 하다. 특히 자본주의 사회에서 살면서 이 명제를 부인하

서른 살 공맹노장이 답이다

기는 쉽지 않을 것이다. 사마천의 '설교'는 우리 삶에서 다른 일도 중요하지만 결국은 돈을 벌고, 그 돈을 불리고, 부자가 되어 살아가는 것도 중요하다는 것을 일깨워준다. 꼭 그렇게 살라는 건 아닐지 모르나 대부분의 사람들이 그렇게 산다는 걸, 그렇게 살려고 한다는 걸 환기시켜준다고나 할까.

사마천은 "재능이 있는 자에게는 재물이 모이고 능력이 없는 자에게는 재물이 왔다가도 흩어진다"고 결론을 내렸지만 단순히 치부나 하라고 이런 말을 한 건 물론 아니었다.

"일 년을 살려거든 곡식을 심고, 십 년을 살려거든 나무를 심으며, 백 년을 살려거든 덕을 베풀라는 말이 있다. 덕을 베풀면 그 자손이 보상을 받게 되기 때문이다."

인생에서 돈은 중요하나 그보다 더 큰 게 있다는 말이다. 그렇다고 헷갈릴 거 없다. 어쨌거나 돈은 중요하니까.

"똑같은 사람이건만 부귀해지면 일가친척이 우러러보고 비천해지면 업신여긴다.
나 같은 사람에게도 이러한데 보통 사람이야 오죽하랴."

〈소진 열전〉

죽을
각오로 산다면

태사공은 이릉의 화를 입고 감옥에 갇히고 말았다. 그는 탄식하며 말했다.

"이것이 내 죄인가? 내 죄인가? 몸이 망가져 쓸모없게 되었구나."

형을 받고 물러난 뒤 그는 깊이 생각한 끝에 이렇게 말했다.

"『시경』과 『서경』의 뜻이 깊고 간략한 것은 제약된 상황 속에서 자신의 뜻을 펼쳐 보이려 했기 때문이다. 옛날 주나라 문왕은 유리에 갇히게 되자 『주역』을 풀이했으며, 공자는 진나라와 채나라에서 고난을 겪었기 때문에 『춘추』를 지을 수 있었으며, 굴원은 쫓겨나는 신세가 되어 『이소』를 지었고, 좌구명은 실명한 이후에 『국어』를 남겼다.

손빈은 다리를 잘리는 형을 받은 후 병법을 저술했고, 여불위는 촉으로 유배된 이후에 『여씨춘추』를 남겼으며 한비자는 진나라에 갇힌 몸이 되어서도 『세난』 『고분』 편을 지었다.

『시경』에 수록된 300편의 시는 대체로 성현들이 발분해서 지은

서른 살 공맹노장이 답이다

태사공 즉 사마천이 직접 자신에 대해 서술한 〈태사공 자서〉의 한 대목이다. 태사공 자서는 『사기』의 맨 끝에 실려 있는데 여기에 사기를 쓰게 된 이유를 밝혀 놨다.

사마천은 역사서를 써야 한다는 아버지의 유언 곧 인생의 목표가 있었기 때문에 궁형을 견뎌내야 했다.

궁형은 단순히 신체의 한 부분을 잘라내는 형벌이 아니었다. 당시 궁형을 당하면 '지조 없는 자'라는 치욕 속에서 살아야 했다. 궁형을 당하고 나서 수모를 참지 못해 자살하는 자가 많았다.

사기의 완성을 위해 궁형을 자처했지만, 막상 형벌을 당하고 나자 사마천은 절망했다. "이것이 내 죄인가? 내 죄인가? 몸이 망가져 쓸모없게 되었구나"라고 한탄하던 그는 아픈 마음을 달래고 다시 역사책을 펼친다.

그런데 보라! 사마천이 펼쳐든 책은 사마천의 친구이자 상담자가 되어주었다. 어느 순간, 고전은 사마천에게 이렇게 말하고 있었다.

"이보게, 세상이 끝난 것 같나? 자네도 끝장인 것 같나? 그렇지 않다네. 역사의 인물들을 보게나. 그들은 모두 위대한 일을 이루었지만, 그 업적은 하나같이 고통을 겪고 나서 생긴 것이라네. 세상에 힘든 일을 겪지 않고 큰일을 이룬 사람이 있는가? 역사가 그걸 증명하지 않는가? 자네도 견디게나. 삶이 그대를 힘들게 할 때 성인들을 상고하고 이겨나갈 일이네."

사마천은 성현들이 글을 쓰고 책을 남긴 것은 발분의 결과라는 것을 깨달았다. 그는 다시 힘을 얻었고 마음에 깊이 맺혀 있던 트라우마를 이상을 이루기 위한 동력으로 삼았다. 사마천은 결국 55세 때 사기 130편을 완성한다.

사마천은 스스로를 '태사공'이라 칭했다. 3인칭으로 부른 것이다. 자신을 객관화시켜 놓고 보니, 지난 시절의 참담했던 기억도 한 걸음 떨어져서 보게 된 것일까. 뜨거웠던 아픔의 나날을 냉정하게 바라보게 된 것일까.

사마천의 사기를 읽은 뒤로 나는 힘들고 어려운 일이 있을 때면 나를 3인칭으로 삼아 글을 쓰곤 한다. 나 아닌 그가 되는 순간, 모든 흥분과 분노는 가라앉고 근심 또한 사라진다. 내가 그인데 걱정은 해서 뭐하고 고통스러워 할 게 뭐란 말인가? 삶의 갈퀴가 그대를 할퀼 때, 스스로를 3인칭으로 삼아 글을 써 보라.

 "말을 잘 하는데 덕이 없으면 반드시 죽음을 당하기 마련이다."

〈오태백 세가〉

 서른 살 공맹노장이 답이다

열국지

춘추전국시대의 인물을 다룬 역사소설. 포몽룡(1575~1645) 지음.

영웅들의 야망과 음모
열국지

『열국지』는 '인간학의 보고寶庫'다. 극한의 상황을 살다 간 다양한 유형의 인간들이 등장한다. 그들은 평범한 사람들은 도저히 상상조차 할 수 없는 경험과 선택을 하면서 고난과 복수, 영광과 패망의 길을 걷는다. 그 길을 따라 걷다 보면 이런 삶도 있을까 싶다가도 '이렇게 살아야 하는 거구나' '이렇게 살면 안 되는 거구나' 하는 생각에 다다른다.

『열국지』는 여러 사람이 썼으나 명나라 말기 문호인 풍몽룡1575~1645이 쓴 것이 대표적이다. 역사소설이란 형식을 취했지만 역사서에 가깝다. 『사기』 『춘추좌전』 『전국책』 『오월춘추』 『자치통감』 등 수많은 역사서를 토대로 삼고 있기 때문이다.

이 책의 내용 중 9할 이상이 역사적 사실에 충실할 뿐 아니라 오히려 역사서보다 더 객관적인 대목도 있다고 말하는 전문가도 있다. 역사서는 누가 어떤 관점에서 기록하느냐에 따라 같은 사실도 달리 서술되는데, 열국지는 역사서 기록을 단순히 인용한 게 아니라 오류를 바로잡아서 당시의 사건을 역사적 진실에 가깝게 재구성했다.

열국列國이란 말은 '여러 나라'라는 뜻으로 이 책의 시대적 배경을 알려준다. 춘추전국시대에 명멸했던 수많은 나라를 일컫는 말이기 때문이다. 주나라는 공신과 왕족들에게 땅을 나눠주고 다스리도록 했는데 그 봉건국가들을 뜻하기도 한다.

그럼, 여기서 동양 역사와 문화에 학문과 사상의 토대를 깔아놓은 춘추전국시대에 대해 간략하게 살펴보자. 춘추라는 말은 공자가 엮은 노魯나라 역사서 『춘추』에서 따왔다. 춘추시대는 주나라가 낙양으로 천도한 기원전 771년부터 진晉나라가 세 나라로 분리되는 기원전 403년까지를 일컫는다.

전국시대는 진 시황이 중국 천하를 통일한 기원전 221년에 막을 내린다. 전국이란 말은 한漢나라 유향이 쓴 『전국책戰國策』에서 유래됐다. 전국시대에는 각국 간의 전투가 규모도 커지고 한층 더 치열해졌다. 농업기술의 발달로 생산성이 높아지고 물산의 이동과 교류가 활발해지면서 전쟁기술도 발전했다. 그 때문에 전쟁 전戰자를 써서 전국시대라 일컬었다.

춘추전국시대는 이렇게 550년이라는 기나긴 세월 동안 수많은 나라가 엎치락뒤치락하며 전쟁과 통합과 분열을 계속하던 난세 중의 난세였다. 중국 역사에서 이보다 더 긴 난세는 없었다. 난세를 거치는 동안 세상과 인간에 대한 온갖 생각과 고민이 다 쏟아져 나왔기 때문에 유가 묵가 법가 도가 병가 종횡가 등 제자백가가 등장했다.

『열국지』는 주 왕조의 낙양 천도 직전인 기원전 789년에서 시작해

서른 살 공맹노장이 답이다

진 시황이 중원을 통일하는 기원전 221년에 이르기까지 총 568년의 역사를 다룬다. 주나라에서 갈라져 나온 제후국들이 중원의 패권을 차지하려고 다투는 과정에서 등장한 제후와 주변 인물들의 이야기가 곧 『열국지』다.

요녀 포사와 주 유왕의 이야기로 시작해 춘추시대 5대 패권자인 제 환공, 진 문공, 초 장왕, 오왕 합려, 월왕 구천을 다루고 전국 시대에 큰 족적을 남긴 위 문후, 제 위왕과 뛰어난 참모들이었던 관중, 안영, 상앙, 손빈, 소진-장의, 맹상군, 범수, 여불위 등을 거쳐 진 시황에 이른다.

나는 B급 배우이자 무명작가로 삶을 이어가던 2003년 『열국지』를 만났다. 글을 파먹고 사는 삶이 고달파 "다시는 글을 쓰지 않겠다"고 다짐하고는 1000여 권의 책을 모두 내다 버린 뒤였다. 자신에 대한 실망과 모멸감, 세상에서 버림받았다는 자괴감, 미래에 대한 암울함에 빠져 세월을 보내던 어느 날 아이를 데리고 도서관에 갔다가 우연히 유재주의 『열국지』를 보게 됐다.

이럴 수가! 춘추전국시대의 인물들이 펼치는 음모와 야망의 이야기에 나는 밤이 새는 줄 몰랐다. 『삼국지』보다 더 재미있었다. 그들의 파란만장한 삶과 그들의 운명을 뒤집어놓는 사건을 접하고 보니 내 좌절은 시트콤 수준에 불과했다. 『열국지』 13권을 모두 빌려 읽고는 결국 다시 읽고 싶어 전집을 구입하고 말았다. 책을 버린 지 2년 만에 나는 다시 책의 세계로 돌아왔다. 『열국지』 덕분이었다.

『열국지』에는 수많은 인물이 등장한다. 그들의 세력 관계는 물론이고 나라 사이의 관계도 붙었다 떨어지기를 거듭하기 때문에 전체 상을 잡기는 쉽지 않다. 하지만 독립적으로 읽어도 아무 문제가 없는 일화 하나하나가 모두 드라마틱하고 메시지도 칼처럼 명료해 20~30대가 도전하기에 가장 편안한 동양고전이 아닐까 싶다.

서른 살 공맹노장이 답이다

무엇인가에
푹 빠져 있다면

❁

『열국지』의 첫 부분은 주 유왕과 포사의 이야기로 시작한다. 유왕이 '요녀'로 일컬어지는 포사에 눈이 멀어 결국 목숨도 잃고 왕실까지 뒤흔들게 됐다는 이야기다. 유왕의 아들 평왕이 기원전 771년 호경에서 동쪽의 낙양으로 천도를 단행한 원인 중 하나도 포사 때문이었다. 포사 때문에 바야흐로 동주 시대, 즉 춘추전국시대가 열리게 된 것이다.

　포사는 '비단 찢는 소리를 들으면 그제서야 조금 웃는다'는 미녀다. 주 유왕은 그녀를 즐겁게 하기 위해 봉화를 올렸다. 봉화는 적이 침공했

❁

을 때 연기를 피워 올리는 걸 말한다. 이를 보고 먼 지역에서 장수들이 달려왔으나 도성에는 아무 일이 없었다. 장수들은 땀을 흘리며 허둥댔다. 그 모습을 보고 포사는 깔깔거리며 웃었다. 주 유왕은 한 여자를 웃게 하기 위해 나라의 안위를 놓고 도박을 벌인 셈이다. 주 유왕은 왜 이렇게 어이없는 짓을 했을까?

포사는 버려진 아이였다. 포 지방에서 딸이 귀한 집안에 들어가 자랐는데 어린 시절, 동네 아이들이 '주워온 아이'라고 놀려댔다. 훗날 포사를 기른 그녀의 아비가 죄를 짓게 되자 벌을 받는 대신, 어린 포사를 궁에 넘겼다. 놀림 받고 버림 받은 포사는 그때부터 웃음을 잃었고 마음 속으로 남자들에게 원한을 갖게 됐다. 몇 년 뒤, 후궁의 거처에 들렀다가 포사를 본 주 유왕의 눈에 들어 포사는 왕의 사랑을 받게 된다.

왕의 사랑을 받고 호강하게 된 포사는 그러나, 웃음이 없었다. 다만 비단 찢는 소리를 들으면 살짝 미소를 지었다. 자신의 라이벌이었던 왕후가 쫓겨나면서 비단이 찢어졌는데 저도 모르게 웃음이 나더라나?

주 유왕은 포사를 웃게 하려고 시간이 날 때마다 비단을 찢게 했다. 얼마 후 그것도 시들해지자 몸이 달아 오른 주 유왕은 "포사를 웃게 하는 자에게는 천금을 내리겠다"고 공포했다. 이때 괵석보란 간신배가 "봉화를 올려 장수들이 허둥대는 모습을 보게 하자"는 의견을 내놓는다. 간신배다운 아이디어다.

봉화 장난으로 포사 웃기기는 성공했다. 주 유왕은 몇 번 씩이나 봉화를 올려 장수들을 불렀다. 아예 관람석까지 마련해 놓고 어느 지방 장수가 먼저 달려오는지 구경했다. 왕은 봉화 아이디어를 내놓은 괵석보에게 천금을 내린다. 여기서 생긴 고사가 천금소매千金笑買다. 천금을 주

　　　　　서른 살 공맹노장이 답이다

고 웃음을 산다는 말이다.

　그러나 장수들을 놀림감으로 만든 주 왕실을 세상이 그냥 놔두었을까? 얼마 뒤, 주 유왕은 포사를 위해 왕비 강후를 폐한다. 포사가 아이를 낳자 주 유왕은 태자 의구를 내쫓고 포사의 아이를 새 태자로 삼는다. 이때 의구의 외할아버지이자 폐비 강후의 아버지였던 신후는 주 유왕에게 위의 인용문과 같은 내용의 편지를 보낸다.

　편지를 받고 화가 머리 끝까지 난 주 유왕은 신후를 치기 위해 군대를 파견했으나, 신후는 서쪽 지방 종족인 서융에게 도움을 청한다. 서융은 전투력이 뛰어난 약탈 집단이었다. 이들이 물밀듯 쳐들어오자, 주 유왕은 급히 봉화를 올린다.

　"적이 쳐들어 왔다!"

　그러나 아무도 오는 이가 없었다. 어느 새 주 유왕은 "늑대가 나타났다"며 사람들을 속인 거짓말쟁이 양치기 소년이 되어 있었다. 결국 왕과 포사, 그리고 그들 사이의 어린 왕자까지 모두 서융 군대에게 죽임을 당하고 말았다.

　그런데 열국지는 왜 도입부에서 주 유왕이 만고의 요녀 포사에게 빠져 서융에 피살되기까지 상황을 생생히 묘사했을까? 과연 포사는 요녀였을까? 요녀로 이미지가 조작된 건 아닐까? 흔히 폭군, 요녀, 간신이 결합됐을 때 국가가 패망한다는 전통적인 견해를 좇은 건 아닐까? 요녀가 군왕의 정신을 혼탁하게 만들어 충신을 몰살하고 나라의 재정을 망가뜨린다는 설정 말이다. 인용문 편지에서 보듯 하나라의 걸과 은나라의 주왕 모두 말희와 달기에 혹해 폭군으로 변하지 않았는가?

　『열국지 교양 강의』의 저자 신동준씨에 따르면 포사가 잘 웃지 않는 다는 설정도 억지스럽지만 당시에는 존재하지도 않았던 봉화 시스템을 끌어다 쓴 것도 난센스라고 한다. 많은 역사기록이 망국의 원인을 주색에서 찾고 있는 것처럼 풍몽룡도 그 전통을 따른 것은 아닐까? 유왕이 포사의 아들을 태자로 옹립하면서 원래의 태자를 지지하던 신하들이, 새로이 왕권을 잡은 이들이 이전 정권을 비판할 요량으로 훗날 역사를 기록하면서 상황과 사실을 왜곡 과장한 것은 아닐까?

　아무튼 신후의 편지에 등장하는 달기, 말희는 모두 왕이 '익애'한 여자들이다. 익은 '빠질 익溺'자다. 수영 못하는 자가 물에 퐁! 하고 빠져 허우적거리는 것처럼 정신을 못 차릴 정도로 사랑한다는 뜻이다.
　『열국지』에는 익애한 자들이 많이 등장한다. 부하의 부인을 취하거나 아들의 약혼자를 빼앗은 경우도 허다하다. 당시에 여성은 하나의 전리품이자 쾌락의 도구였으며 탁월한 장식품에 지나지 않았던 것이다. 열국 시대의 왕은 그 나라 것이면 무엇이든 취하고 즐길 권리가 있었으니 여부가 있겠는가?
　역사가 전하는 메시지는 이렇다.

1)왕은 무엇이든 가질 수 있는(＝익애할 수 있는) 권리가 있다.
2)왕은 절제할 수 있는 권리도 있다.

　1)의 권리는 왕만이 가진 권리다. 열국 시대의 왕 중 대부분은 이 권리를 누리다 갔다. 좋은 말, 좋은 음식, 아름다운 여인, 기름진 땅, 화려

한 옷, 크고 넓은 집. 그러나 이상하게도 이 권리를 마음껏 누린 왕들은 역사적으로 높은 평가를 받지 못한다. 자신의 욕망을 채우기 위해 뭔가를 한다는 것은 왕이 아니고도 할 수 있기 때문이다.

2)의 권리는 왕뿐 아니라 누구도 가질 수 있는 권리다. 다만, 무엇이든 가질 수 있고 할 수 있는 권리를 가진 왕으로서는 실행하기 어려운 권리이기도 하다.

모든 것을 다 할 수 있지만, 자신의 의지에 의해 그것을 절제하는 자질. 이것이 왕이 가져야할 절대적인 덕목이었다. 왜? 인간의 욕망은 끝이 없기 때문에, 스스로 조절하지 않으면 반드시 패망하기 때문이다. 열국지는 서두에서 익애에 빠진 왕들에 빗대어 우리에게 이렇게 말하고 있다. 무엇이든 마음껏 사랑하고 취할 수 있는 그 순간에, 바로 그 사랑과 욕망을 줄이라고. 그렇지 않으면 우리는 우리의 애욕 때문에 파멸하고 말 것이라고.

 은나라를 망하게 한 주紂왕은 달기와 놀아났다. 달기를 위해 1천 척 높이의 누각을 세워 보물을 채웠고, 사구라는 곳에 정원을 만들어 온 갖 짐승을 풀어 놓고 길렀다. 주왕과 달기는 사구에 별궁을 짓고 연못을 팠다. 이 연못池에 술酒을 가득 채우고, 주변의 나무林에는 고기肉를 매달아놓은 채 벌거벗은 남녀와 함께 놀았다. 여기서 유래된 말이 주지육림酒池肉林이다. 술이 연못을 이루고 고기가 숲을 이룬다는 뜻으로, 호화롭고 사치스런 주연酒宴을 비유하는 말이다.

복수할 것인가
용서할 것인가

진晉나라의 후계를 세우는 데 실패한 호사고는 적 땅으로 달아났다. 새 왕의 지지자이자 집권자인 조순은 부하인 유변에게 명해 호사고의 식솔과 가산을 고스란히 돌려보내도록 했다. 유변은 장군 호사고를 섬길 때 "몸가짐을 겸손히 하십시오"라고 간언했다가 '건방지게 입을 놀린다'는 이유로 곤장 100대를 맞은 적이 있다. 유변이 호사고의 가족과 재산을 호송하는 책임을 맡게 되자, 유변의 부하들이 그에게 말했다.

"이번 기회에 지난 번 장군께서 당한 변을 복수하십시오. 호사고의 가족을 죽이고 재산을 빼앗아버립시다."

유변은 고개를 저으며 말했다.

"안될 말이다. '원수는 원수진 사람에게 직접 갚아야 한다. 원수를 그 후대의 사람에게 갚는 것은 도리가 아니다'라고 했다. 오늘의 일은 조순 재상께서 호사고에게 도의를 베푸는 것이다. 그런데 내가 재상 어른의 총애를 믿고 사사로운 원한을 갚는다면 이는 올바르지 않다.

서른 살 공맹노장이 답이다

춘추 오패의 두 번째 패자는 진 문공기원전 697~628이었다. 진 문공은 왕자였으나 복잡한 국내 사정 때문에 바로 왕이 되지 못하고 19년 동안 이 나라 저 나라 떠돌았다. 62세에 고국으로 돌아온 그는 진나라의 중흥을 이끌었으나 재위 8년 만에 죽었다. 아들 진 양공이 뒤를 이었는데 역시 7년 만에 죽고 나서 치열한 왕위 쟁탈전이 벌어졌다. 이때 진 양공의 어린 아들을 지지하는 조순 일파가 승리했고 경쟁자였던 호사고는 단신으로 국경을 넘어 적 땅으로 달아났다.

세월을 거슬러 진 문공이 망명하던 시절, 신하인 조쇠, 호언, 선진, 위주 등은 목숨을 걸고 진 문공을 보좌했다. 조쇠의 아들이 조순이고, 호언의 아들이 호사고였다. 경쟁 관계였던 조순과 호사고의 아버지는 동지였던 셈이다. 호사고가 비록 왕위 계승 쟁투에 패하고 다른 나라로 도망갔지만 조순은 공신 가문인 그에게 호의를 베풀어 호사고의 가족과 재산을 모두 보존할 수 있게 했다. 이때 책임을 맡은 사람이 유변이다.

위의 인용문에서 알 수 있듯이 유변은 한 때 호사고에게 크게 당한 적이 있다. 보통 사람 같으면 원수를 갚아도 시원찮을 마당에 유변은 대의를 내세우며 복수를 거절한다. 이런 마음을 갖는다는 것, 보통 사람으로선 쉽지 않다.

『열국지』는 원한과 복수의 드라마다. 진 문공이 타국으로 망명하던 때의 이야기다. 일행이 오록五鹿 지방을 지날 때, 며칠을 굶은 터라 밭에서 일하는 마을 사람들에게 구걸했다. 그런데 이 마을 사람 중 하나가 일부러 흙덩이를 찬합에 담아 주었다. 진 문공은 크게 화를 내면서 그를 채찍으로 때리려 했다. 이때 호언이 나서서 "사람들이 공자에게 토지를 바친다는 것은 하늘이 이 땅을 공자께 내리신다는 징조"라며 말렸다. 진 문공은 허탈해 하며 채찍을 거두었다.

10여년이 지나 진 문공이 진나라 임금이 되었을 때 그는 군대를 몰고 오록 지방을 침공해 이곳에 사는 남녀노소를 하나도 남기지 않고 모두 죽였다. 어진 사람으로 널려진 진 문공이었지만 과거의 원한을 철저한 복수로 풀었다.

진 문공은 원한을 원한으로 갚았다. 원문에 등장하는 유변이란 사람은 원한이 있음에도 용서했다. 어떤 것이 맞을까? 예수는 원수를 사랑하라 했고 공자는 원수를 징벌하지 않으면 정의는 사라진다 했다. 내게 원수 같은 사람에게 어떤 대응을 해야 하는가. 예수와 공자의 말씀 사이의 어느 지점에 현실적이고도 존엄성을 잃지 않는 해답이 숨어 있지 않을까?

만약 누군가가 이런 막중한 질문에 대해 "이것이 정답이다"라고 답한다면 그건 온당치 않다. 예수님과 공자님도 서로 대답을 다르게 하셨는데 어떤 누가 올바른 답을 내놓을 수 있을까?

　내게 상처를 준 사람을 용서해야 하는지, 나를 아프게 한 사람에게
복수해야 하는지. 아니면 제 3의 길이 있는 것인지. 오늘은 그것 하나만
이라도 곰곰이 생각해 보자.

 진 문공이 타국을 전전할 때 따르던 가신 중에 개자추라는 사람이 있
었다. 진 문공이 며칠을 굶고 지쳐 쓰러져 있었을 때 개자추는 자신
의 허벅지 살을 떼어내어 고깃국을 끓여 바친다. 문공이 나중에 진
나라 왕이 되어 가신들에게 상을 내렸을 때 개자추는 아무런 보상도
바라지 않고 어머니를 모시고 면산이란 곳으로 들어가 버린다. 개자
추는 '진나라가 훌륭한 왕을 모시게 된 것으로 내가 받을 것은 다 받
았다'고 생각했다.
뒤늦게 개자추 소식을 들은 진 문공이 후회하며 친히 면산까지 달려
갔으나 개자추를 찾을 수 없었다. 신하 중 한 사람이 '산에 불을 지르
면 내려올 것'이라고 하자 면산에 불을 놓았다. 불은 사흘 동안 타올
랐지만 끝내 개자추는 나타나지 않았다. 불이 꺼진 후에 보니, 산 중
에 두 개의 인골만 남아 있었다. 그때부터 진나라 사람들은 매년 개
자추가 죽은 날에 그를 기리며 찬寒 음식食을 먹었는데 그게 바로 한
식寒食의 기원이 됐다.

충성스런
부하를 두려면

초나라와 정나라가 전쟁을 할 때였다. 초나라 장수 당교는 500명의 특공대를 이끌고 정나라 국경 안으로 들어가 결사적으로 싸웠다. 이 덕분에 초나라 대군은 손쉽게 정나라 수도 가까이에 이를 수 있었다. 초 장왕은 당교를 불러 상을 내렸다. 그런데 이상했다. 당교는 한결같이 상을 사양하는 것이었다. 초 장왕은 급기야 화를 내며 꾸짖었다.

"공을 세우면 상을 받는 것이 당연하다. 상을 거절하는 것은 무례요 자만이다. 그대는 상이 부족하여 이러는 것인가?"

"신은 이미 왕께 상을 받았습니다. 그 은혜를 갚고자 이번에 힘껏 싸운 것뿐입니다. 어찌 또 상을 받을 수 있겠습니까?"

"나는 그대에게 상을 내린 기억이 없다. 언제 상을 받았다는 것인가?"

"수년 전의 일입니다. 언젠가 왕께서는 밤에 잔치를 벌이다가 모든 대부에게 관의 끈을 끊게 하신 일이 있습니다."

"그런 일이 있었지. 그런데?" 〈초 장왕〉

 서른 살 공맹노장이 답이다

초 장왕~기원전 591은 불비불명不蜚不鳴, 절영지회絕纓之會라는 고사를 만들어 낸 인물이다. '날지도 울지도 않는다'는 뜻의 '불비불명'은 재능이 있는 자가 자신의 뜻을 펼칠 때를 기다리다가 일단 기회가 오면 큰일을 한다는 의미다. '절영지회'는 '갓끈을 끊어 버린 모임'이라는 뜻으로 신하에 대한 왕의 절대적인 신임을 상징하는 말이다.

두 개의 일화는 그가 어떤 사람인지 잘 보여준다. 왕위에 오른 초 장왕은 신하들을 모아 놓고 이렇게 말했다.

"나에게 간언하는 자는 사형에 처하겠소."

그 후 3년 동안 초 장왕은 날마다 주색에 빠져 지냈다. 낮에는 사냥으로 시간을 보내고 밤이면 후궁과 신하들을 불러 연회를 하는 나날이었다. 신하들은 왕명이 두려워 감히 간언하지 못했다. 어느 날 오거라는 충신이 연회석에서 장왕에게 말했다.

"수수께끼를 하나 내어도 되겠습니까?"

"내 보시오."

"3년 동안 날지도 않고 울지도 않은 새가 무슨 새인지 아십니까?"

"……."

초 장왕은 오거를 노려봤다.

"그대는 내게 간언하는 것이오?"

"수수께끼를 내고 있는 것뿐입니다."

"그 새는 한 번 날기만 하면 천리를 가고, 한 번 울면 모든 이가 들을 것이오."

얼마 뒤, 잔치를 벌이고 있는 초 장왕에게 소종이 찾아와 또 말했다.

"왕께서는 이제 백성들을 생각해 바른 정사를 펼쳐 주십시오."

"그대는 간언하는 자는 사형에 처한다는 내 명을 듣지 못했소?"

"내 목숨 하나 버리더라도 왕께서 나라를 위하신다면 여한이 없겠습니다."

"……."

초 장왕은 소종을 노려봤다. 소종은 죽음을 각오하고 눈을 지그시 감았다. 그때 초 장왕의 목소리가 쩌렁쩌렁하게 울렸다.

"그대의 뜻을 알겠소!"

초 장왕은 그 자리에서 술판을 엎고 일어났다. 그는 오거와 소종을 재상으로 삼고 그동안 자신과 함께 잔치를 벌였던 간신들을 몰아냈다. 부정부패를 없애고 군사를 기르고 초나라 재건에 나섰다. 초 장왕은 3년의 방탕한 생활을 끝내면서 수많은 후궁 중에 번희라는 여인을 왕후로 삼았다.

"내가 주색과 사냥에 빠져 있을 때 오직 그녀만이 내가 사냥 나가는 것을 말렸다. 사냥에서 짐승을 잡아 오면 다른 여인들은 웃음을 짓고 그 고기를 먹었으나 그녀만이 걱정하며 고기를 먹지 않았다."

이게 초 장왕이 번희를 선택한 이유다. 번희는 왕후가 된 후에도 초 장왕에게 군주의 길을 간언하며 퍼스트 레이디 역할을 충실히 수행했다. 아마도 초 장왕이 불비불명했던 것은 자신을 사랑하는 여인을 가리고, 나라를 위하는 충신을 얻기 위한 전술이었으리라.

인용문도 초 장왕의 지혜로운 면모를 보여주는 일화다. 초 장왕이 재위할 때 투월초라는 자가 난을 일으킨 적이 있다. 난을 진압하고 장수들과 함께 연회를 열었을 때, 초 장왕은 아끼는 후궁 허희에게 "모든 장

서른 살 공맹노장이 답이다

수들에게 술을 따르라"고 했다. 이때 술에 취한 젊은 장수가 어둠 속에서 허희의 허리를 껴안았다. 허희는 꽤나 재치 있는 여자여서 장수의 관끈을 하나 잡아 당겼다. 그녀는 왕에게 돌아와 말했다.

"무례한 신하가 소첩의 몸에 손을 댔습니다. 그자의 얼굴은 보지 못했으나 관끈을 가져왔으니 왕께서 관끈이 없는 자는 벌을 주시어요."

초 장왕은 그러나 이렇게 명했다.

"이런 날 왜 답답하게 관을 쓰고 있는가. 모두 관을 벗고 끈을 끊어 버리시오."

신하들은 영문도 모르고 관끈을 끊었다. 초 장왕은 순간 판단에 능한 리더였다. '후궁을 건드린 자를 처벌하는 것이 옳은가, 용서하고 넘어가는 것이 옳은가'를 놓고 그는 후자를 택했다. 후궁의 화를 풀어주는 것과 부하 집단의 단결이라는 두 가지 선택을 저울 위에 올려놓은 그는, 자신을 따르는 장수들이 더 중요하다고 판단했다. 후궁 한 사람 때문에 장수들을 잃을 수 없다고 생각했다. 이때 그가 후궁의 요청대로 "어떤 놈이 내 여자 건드렸어?" 했다면 어땠을까? 승리를 축하하는 연회의 분위기가 깨졌을 것이고, 실수를 저지른 장수를 잃었을 것이다.

이때 술에 취해 허희의 허리를 감싸 안은 장수가 바로 당교였다. 그는 초 장왕의 용서를 받고 결심했다. 왕을 위해 충성을 다하리라. 몇 년 뒤 정나라를 칠 때 그는 500명의 결사대를 조직해 목숨을 걸고 싸웠다. 우리가 사는 이 지구별의 원칙은 하나다. '내가 베푼 만큼 받을 것이고, 내가 상처 준 만큼 아플 것이다.'

초 장왕은 용서하고 배려할 줄 알았기에, 위기의 순간을 넘길 수 있었다. 용서는 윗사람이 아랫사람에게 하는 것이다. 배려는 더 잘 난 사

열국지

람이 못난 사람에게 하는 것이다. 인정도 은혜도 사랑도 위에서 아래로 물처럼 흐르는 것이지 아래에서 위로 올라가는 것이 아니다. 만약 누군 가를 용서하기 어렵다면, 이렇게 생각하면 된다.

'내가 당신보다 더 큰 사람이기에 용서한다'고.

 초 장왕과 유사한 왕이 제나라 위왕이다. 제 위왕도 즉위한 후 3년 동안 먹고 놀기만 할 뿐 도통 정사를 돌보지 않았다. 신하 중에 순우곤이란 자가 있어 그를 깨우치기 위해 이렇게 말했다.
"삼년 동안 울지 않는 새를 아십니까?"
"알고 있소. 그 새가 한 번— 울면鳴 사람人들을 놀라게驚 할 것이오."
제위왕은 그 날로 음주가무를 접고 나라 일에 발 벗고 나섰다. 여기에서 유래한 고사성어가 일명경인—鳴驚人이다. 웅대한 뜻을 품고 오랫동안 침묵하고 있던 사람이, 한번 일어나자 뭇사람을 놀라게 할 만한 큰일을 성취함을 이르는 말이다.

서른 살 공맹노장이 답이다

전반전에
패했더라도

기원전 350년 전후에 활약했던 손빈과 방연은 귀곡자라는 당대의 유명한 선생 밑에서 함께 배운 사이다. 방연이 먼저 하산해 위나라에서 장군 벼슬을 하고 있었다. 손빈은 공부를 더 하고 귀곡 스쿨을 졸업했다. 그는 동문인 방연에게 의지해 세상 물정을 익힌 뒤 출사표를 던지려 했다.

어느 날, 방연이 손빈과 함께 위나라 혜왕 앞에서 군사의 진을 펼쳐 보이는 시범을 보였는데 손빈은 어려운 진법도 잘 알았지만 방연은 다 알지 못했다. 방연은 손빈이 자신보다 더 뛰어난 실력을 가졌다는 사실을 알고 손빈을 제거하려고 마음먹는다. 얼마 뒤, 제나라 출신인 손빈은 '제나라를 위해 위나라를 염탐하러 온 간첩'이라는 누명을 쓰게 된다. 억울함을 호소하는 손빈에게 위나라 군주는 무릎 아래 두 발을 자르고, 얼굴에 문신을 새기는 벌을 내렸다. 이제 손빈은 불구자가 되었다.

방연은 왜 손빈을 죽이지 않았을까? 손빈이 알고 있는 병법이 아까워서였다. 손빈은 손자병법을 지은 손무의 손자였다. 방연은 손빈에게 거처를 마련해주고 병법 책을 집필하게 했다. 이때까지도 손빈은 방연을 절친한 친구로 생각했다. 그가 음모를 꾸며 자신이 벌을 받았다고는 꿈에도 생각하지 않았다. 그저 위나라가 뭔가 오해를 했다고 믿었다.

어느 날, 손빈의 수발을 들던 하인 성아가 그의 인품이 뛰어난 것을 보고 방연의 의도를 알려 준다. 손빈은 믿었던 친구가 자기를 배신했다는 사실에 충격을 받고 만다. 손빈은 이때부터 미친 사람 흉내를 낸다. 돼지우리에 들어가 똥을 먹기도 하고, 다리 밑에서 거지들과 생활하기도 하면서. 인고의 세월을 보내던 그는 위나라를 찾아온 제나라 사신을 만나 탈출하게 해달라고 부탁한다. 탈출에 성공한 손빈은 제나라 장군 전기를 만나게 되고 손빈의 재능을 알아 본 전기 덕분에 빈객으로 지내게 된다.

15년의 세월이 흘렀다. 위나라가 한나라를 공격하자 한나라는 제나라에 원군을 요청했다. 위나라 장수는 방연이었고, 제나라 장수는 전기, 참모는 손빈이었다. 춘추전국 시대의 뛰어난 전략가였던 손빈과 방연은 이렇게 부닥칠 수밖에 없는 상황이었다. 당시에 중원의 각 나라들은 앞 다투어 인재를 영입했고, 서로의 이해관계에 따라 적이 되었다가 친구가 되는 형국이었다. 친구 사이에도 속여야 했고, 부자지간에도 싸워야 했다.

이 싸움에서 손빈은 제나라 군사들에게 명했다. 첫 날에는 아궁이 10만개, 둘째 날에는 5만개, 셋째 날에는 2만 개를 만들도록 했다. 이 소식을 들은 방연은 기뻐하면서 "제나라 놈들은 겁쟁이로구나. 3일 만에 대부분 도망가 버렸으니. 어서 쫓아가자"고 했다. 방연은 제나라 군대가 겁을 먹었다고 오판해 보병을 두고 달리기 잘 하는 병사들로 가볍게 무장하고 제나라 군사를 쫓아갔다. 마지막 날, 손빈은 이들이 저녁 무렵 마릉 계곡에 올 것으로 짐작하고 그곳에 1만 명의 군사를 매복해 놓고 길 주변의 나무를 모두 잘라냈다. 가운데 큰 나무만 남겨놓고는 껍질을 벗겨 이렇게 써 놓았다. "이곳에서 방연이 죽는다."

방연 군대는 밤이 되어 마릉에 도착했고, 나무의 흰 부분에 뭔가가 쓰여 있는 것을 봤다. 그들이 불을 밝혔을 때, 제나라 군사들이 한꺼번에 화살을 쏘았다. 방연은 패배를 직감하고 "아, 결국 어린애 같은 손빈 그 놈의 이름을 천하에 알리는 꼴이 되고 말았구나"라는 말을 남기고 죽었다. 손빈은 방연의 말대로 이 전투로 유명해졌다.

손빈은 전투를 끝내고 이렇게 말했다.

"싸움을 잘하는 사람은 형세를 쫓아 자신에게 유리하게 상황을 만드는 법입니다. 손자병법에 '급히 적을 쫓아 승리를 취하려는 자는 오히려 자신의 병사들을 잃게 된다'고 했습니다."

손빈은 병법의 귀재였지만, 방연에게 당했다. 귀곡 선생의 암시와 경고에도 방연을 무턱대고 믿은 게 화근이었다. 손빈에게 벌을 내린 뒤 십 수 년 동안 방연은 자신의 꾀로 손빈을 눌렀다고 생각했을 것이다. 그러나 축구 경기는 전후반 90분 종료를 알리는 휘슬이 울려야 끝나는 법이다. 결국 최후의 승리자는 손빈이었다. 손빈은 이 승리를 위해 오래 참고 기다렸다. 얼굴에 문신을 달고 사는 치욕을 견뎠고, 무릎 아래가 잘리는 형벌과 모욕을 감내했다. 손빈이 이렇게 살아남은 것은 단순한 복수를 위해서가 아니었다. 살아남기 위해서였다. 오늘 이긴 자가 내일도 이기란 법은 없다. 끝날 때 이기기 위해서는 기다리다 미쳐야 하고, 미칠 듯이 기다려야 한다. 꿈을 향해 노력한다는 말은 버티고 기다린다는 것과 다르지 않다. 나중에는 기다림이 일상이 되며 미치는 것도 일상이 된다. 그 일상이 쌓이고 쌓여야 꿈의 한 자락이 보이는 거다.

　여러분은 아직 기다림의 첫 단추도 꿰지 않았다. 미치는 게 뭔지도 모를 수 있다. 그러므로 절대 조바심을 갖지 말고, 어떤 결과나 보상을 바라지도 말아야 한다. 지금은, 저 손빈이 그랬듯이 미친 척하며 똥을 먹고, 미친 척하며 욕을 먹고, 미친 척하며 굴욕을 당해야 한다. 지금 느끼는 모든 수모는 더러워서 가까이 하기 싫을지도 모른다. 그러나 좋은 거름은 지독한 냄새가 나는 법. 그대가 지금 겪는 어이없는 일들이, 미래에 이루어질 꿈의 열매를 위해 반드시 필요한 비료라는 사실을 명심해야 한다.

 친구이자 라이벌이었던 '손빈孫臏과 방연龐涓이 지혜智慧를 다투다鬪'라는 뜻의 고사성어가 손방투지孫龐鬪智다. 대등한 재능을 지닌 사람들이 지모를 다하여 경쟁하는 것을 비유하는 말이다. 마지막 승자는 손빈이었으나 전반전 싸움에서는 방연이, 후반전 싸움에서는 손빈이 이긴 것을 두 사람의 경쟁 구도로 평가한 것이다.

　서른 살 공맹노장이 답이다

고지가
바로 저기에 있는데

소진은 "출세해서 돌아오겠다"고 큰소리쳤지만 집안의 재산을 모두 탕진하고 빈털터리로 돌아왔다. 노모도 형수도 아내도 그를 업신여겼다. 소진은 풀이 죽어 눈칫밥을 먹으며 하루하루를 지냈다. 어느 날, 그는 방구석에서 한 묶음의 책을 발견했다. 귀곡 선생이 친히 전해 준 『음부경』이었다. 당시 귀곡 선생이 들려 준 말이 생각났다.

"너희들이 이것을 배웠다고는 하지만 그 깊은 뜻을 알려면 아직 멀었다. 이 책을 곁에 두고 늘 읽으면 크게 깨닫는 바가 있을 것이다."

소진은 정신이 번쩍 들었다. 마치 귀곡 선생이 자신이 이렇게 될 줄 알고 하신 말 같았다. 그날부터 소진은 문을 닫아걸고 『음부경』을 다시 공부하기 시작했다. 그렇게 일 년이 지난 어느 날, 그의 머릿속이 환하게 밝아졌다. 천하의 대세와 사물의 이치가 훤히 보였다.

'아! 이것이로구나!'　　　　　　　　　　　　　　　　〈소진〉

춘추전국시대 혼란기에 중국에는 600여 개에 달하는 나라가 난립했다. 전국 시대 말기에는 이들이 거의 정리되고 진, 초, 한 , 위, 조, 연, 제 등 7대 강국과 그외 몇몇 소국만 남게 된다. 이중 서쪽 변방의 진나라가 가장 강했고 나머지 6 개국은 중원으로 진출하려는 진나라의 야욕을 막기 위해 애썼다.

이 시기에 소진과 장의란 두 인물이 활약하면서 합종책과 연횡책을 부르짖었다. 두 사람은 앞의 이야기에 나오는 손빈 방연과 마찬가지로 귀곡자의 제자들이다. 소진은 나머지 6개국이 힘을 합해 진나라에 맞서야 한다는 합종책을, 장의는 6개국이 각각 진나라와 화친을 맺어야 한다는 연횡책을 주장했다. 여기서 합종연횡合從連衡이란 말이 생겼다. 우리나라에서 선거철만 되면 정치인들이 이익과 노선에 따라 이합집산을 거듭하는데 이를 두고 합종연횡한다고 한다.

합종의 종은 남북을 뜻하고 연횡의 횡은 동서를 말한다. 중원의 서쪽 대부분을 진나라가 차지하고 있고 동쪽 지역의 남북으로 나머지 6개국이 자리 잡고 있었기 때문에 이런 말이 나왔다. 소진은 남북으로 나뉘어 있는 6개국이 합심해야 한다고 주장했고, 장의는 각국을 개별적으로 찾아다니며 진나라와 연합해야 안전해진다고 설득했다.

소진과 장의 두 사람은 서로 내통하며 권력을 누렸고 전국 말기의 정치를 주름잡았다. 이때는 각 나라를 돌아다니며 자신을 써 달라고 유세하는 사람들이 많았다. 유가, 도가, 농가, 병가 등의 학문으로 무장한 이들은 왕이 자신을 써 주길 바랐다. 소진은 귀곡 선생에게 배운 3년을 포함해 14년의 공부를 마치고 유세객의 대열에 합류했다.

귀곡 선생 문하에서 졸업하고 돌아온 소진은 일단 부모와 형제를 설

득해 자금을 마련한다. 가족의 전 재산을 팔아 좋은 수레와 비싼 옷을 사
고 마부를 고용해 여러 나라를 순례했다. 출발은 좋았으나 무명의 유세
객을 고용하는 나라는 없었다. 거금을 다 써 버린 소진은 돈이 없어 굶
어죽게 되자 고향으로 돌아왔다. 가족의 반응은 냉랭했다. 소진 때문에
가세도 기울어 버려 부모형제는 가난하게 살고 있었다.

가산을 탕진하고 아무 결실도 없이 돌아온 소진은 푸대접과 무시
속에 농사일을 도우며 하루하루를 보냈다. 그러던 어느 날 하산하던 때
스승이 한 말이 떠올랐다.

"너희들이 지금 공부를 충분히 했다고는 하지만, 공부를 했어도 한
것이 아니오, 책을 읽었어도 읽은 것이 아니다. 언젠가 나락에 떨어졌다
는 생각이 들 때, 그때 진짜 공부는 시작되는 것이다."

그는 깨달은 바가 있어 스승이 손수 하사한 책을 펼쳐들었다. 고대
의 병법을 모아 놓은 『음부경』이었다. 이 대목을 눈여겨 봐야 한다. 소
진은 일개 농사꾼으로 남느냐, 다시 공부를 하느냐의 선택을 앞두고 있
었다. 그는 독하게 마음먹고 다시 공부한다. 나중에 재상이 되어 부귀와
영화를 누릴 때 소진은 이렇게 소회를 밝혔다.

"내 고향 낙양 땅에 한 뙈기 밭만 있었어도 지금처럼 출세하지는 못
했을 것이다."

그럭저럭 먹고 살만했다면 소진은 결코 다시 공부하지 않았을 것
이고 그랬다면 재기는 영영 불가능했을 거란 이야기다. 소진은 집안의
반대를 무릅쓰고 가난과 싸워가며 책을 집어 들었다. 이미 충분히 했
던, 아니 했다고 생각했던 공부를 다시 했다. 바닥을 쳤다고 느꼈을 때
한 번 더 자신을 분해했다. 그랬을 때, 그는 깨달음을 얻을 수 있었다.

　『음부경』을 마스터한 뒤에 소진은 다시 유세에 나섰다. 첫 방문국인 연나라에서 왕에게 일장 연설은 한 그는 단번에 객경으로 발탁된다. 연나라에 이어 나머지 나라들을 차례로 방문해 왕들을 설득한 그는 진나라에 대항해 6개국을 단합하게 만들었다. 얼마 뒤 6개국 공동 재상이라는 전무후무한 지위에 올라 천하를 호령했다.

　소진이 첫 유세 여행에서 실패하고 돌아온 것이 실력이 없어서였을까? 아니다. 그는 98% 실력자였다. 다만 때를 만나지 못했을 뿐이다. 여기서 좌절했다면 그는 평범한 생을 살았을 것이다. 소진에게 부족한 나머지 2%의 실력을 채우기 위해서는 1년의 시간이 더 필요했던 것 같다.

　1년을 더 투자할 것인가, 그냥 포기할 것인가. 이 선택의 순간에 소진은 과감히 투자를 택했다. 충분히 안다고 생각했을 때 한 번 더 공부했고, 충분히 노력했다고 여겨질 때 한 번 더 깊이 파고들었다.

　실력 향상은 경사로처럼 나타나기보다는 계단처럼 이루어진다. 꾸준히 하다보면 어느 날 갑자기 한 계단 도약하게 된다. 계단 하나를 올라섰다는 느낌이 확연히 오기 전까지 우리 실력은 제자리일 뿐이다. 지금 좌절하고 있다면, 다시 『음부경』을 펼치는 소진의 심정으로 한 번 더 매달려 보자. 소진이 느꼈던 황홀경이 분명 우리를 찾아올 것이다.

서른 살 공맹노장이 답이다

지금의 나를
바꾸고 싶다면

조 무령왕이 숙부인 성에게 말했다.

"우리나라는 사방이 적들로 둘러싸여 있으나 힘 있는 군사가 없습니다. 이렇게 하다가는 사직이 망하는 것은 시간문제입니다. 무릇 세상에서 뛰어난 업적을 이루려면 세상의 습속을 위배했다는 책망을 받는 것은 감내해야만 합니다. 내가 호복을 입으려는 것은 내 욕심 때문이 아니고 뜻을 이루고 공적을 세우려 하는 것입니다. 숙부께서도 호복을 입어 주십시오."

성이 두 번 절하고 대답했다.

"중원은 지혜로운 사람들이 모여 있으며 세상의 물산과 재물이 몰려드는 곳입니다. 성인들이 인과 예를 가르치고 있으니 오랑캐들이 이곳을 기준으로 삼고 있지요. 지금 왕께서 이를 버리고 오랑캐의 복장을 입으려 하니 이는 전통에 크게 어긋나는 일입니다."

공자 성은 병을 핑계로 조정에 나오지 않았다.

〈조 무령왕〉

조 무령왕기원전 340~295은 약소국이었던 조나라를 강국으로 만든 사람이다. 그의 강국 프로젝트 중 핵심은 '호복 기사병'의 양성이었다. 호복이란 '오랑캐의 옷'이란 뜻이다. 무령왕은 당시 사람들이 입기를 꺼려했던 오랑캐의 옷을 입게 하는 것으로 개혁을 시작했다. 왜?

무령왕 시절의 조나라는 북쪽의 흉노, 동쪽의 연나라, 서쪽의 진나라와 한나라에 접해 있었고 중앙에 중산국을 품고 있는 형국이었다. 이 중 인구는 적지만 강한 군대를 거느린 중산국은 조나라를 위협하는 가장 치명적인 적이었다. 중산국을 포함한 사방의 적들로부터 조나라를 지키기 위해서는 강한 군대가 필수였다.

이때 군사적으로 강한 기동력을 보유한 나라는 흉노였다. 현재의 몽골과 시베리아 지방을 넘나들던 유목집단인 흉노는 기마병이 강했다. 전국시대 중원의 다른 나라들은 전차병 중심의 전술을 택하고 있었다. 수레에 말을 묶어 다니면서 전투를 했다는 얘기다. 보통 두 마리 이상의 말이 끌었고 장수와 수레 모는 사람, 부관 등이 탑승했다. 당시 국가의 규모는 전차 단위로 측정했다. 진나라나 제나라 같은 큰 나라는 '만승지국'이라 불렀는데 만 대의 전차를 동원할 수 있는 대국이란 뜻이다.

조나라 역시 그때까지는 전차를 몰고 다니며 전쟁을 했다. 무령왕이 가만히 보니, 흉노의 복장 즉 호복이 참 편했다. 중원의 다른 나라 사람들은 소매가 넓고 어깨에서 발목까지 내려오는 통으로 된 옷을 입고 다녔다. 지금의 한복 두루마기를 생각하면 된다. 이런 옷을 겹쳐 입고 싸우려니 기동성이 떨어졌다.

반면 호복은 소매가 팔에 딱 붙어 있고 짧았으며 웃옷의 길이도 허리까지만 왔다. 그 아래 바지도 몸에 붙은 스키니 스타일에다가 화靴라

서른 살 공맹노장이 답이다

는 부츠 같은 신발을 신었는데 그 안쪽에 바지를 구겨 넣게 되어 있었다. 말 타기 편하게 하기 위해서였다.

쉽게 말해서 전통 한족은 거추장스러운 졸업식 가운을 겹쳐 입고 수레를 탄 군인이라고 생각하면 되고, 호복 기병은 남자 중학생 교복과 군화를 신고 말을 탄 군인이라고 생각하면 된다. 이들이 맞붙어 싸우면 누가 이길까? 당연히 후자가 유리하다.

조 무령왕은 다른 나라에 비해 군사적 열세에 있는 조나라를 강하게 만들기 위해서는 기동성이 우선이며, 기동성의 확보를 위해 '전차병 중심'의 전력을 '기병 중심'으로 개혁하기로 했다. 이를 위해서는 복장부터 바꾸어야 한다고 판단했다.

그의 판단은 정확했으나, 관습이라는 벽에 부딪혔다. 헤로도토스가 그의 저서 『역사』에서 말했듯이 "관습은 만물의 왕"이다. 왕이 왕인 이유는 단지 그가 왕이기 때문이다. 왕이 명령하면 일단 따라야 한다. 관습은 자신에 대한 무조건적 복종을 강요하며 시비판단을 불허한다. 조나라 사람들 역시 수백 년 동안 지속되어 온 전통을 버리려 하지 않았다. 무령왕은 거센 저항에 부딪혔다. 심지어 자신의 숙부인 공자 성成마저도 호복 착용을 거부했다. 성은 매우 보수적인 사람이었다. 무령왕은 성을 설득하기로 하고 병이 났다는 그에게 문병을 간다.

"의복은 입어서 편하기 위해 있는 것이고, 예법은 일을 처리하는 데 번거롭지 않기 위해 있는 것입니다. 어떤 풍습에 대해 잘 알지 못하지만 의심을 하지 않고, 우리들의 관습과 다르다고 해서 무조건 욕하지 않는 이유는 좋은 결과를 얻기 위해 최선을 다하려는 마음 때문입니다. 복장을 바꾸려는 것은 말타기와 활쏘기를 쉽게 해서 우리나라의 변경을 방어하기 위함입니다."

공자 성은 자리를 털고 일어나 무령왕에게 용서를 구한다. 무령왕은 그에게 호복을 선사했고, 성은 다음날 그 옷을 입고 조정에 나타났다. 그러자 또 보수파 신하들이 반발했다. 무령왕은 이들을 하나하나 힘겹게 설득했다. 결국 조나라 군사들은 호복을 입고 전투에 임하게 됐고 다음 해부터 차례차례 주변국을 물리쳐 나간다. 10여년 뒤, 조나라는 중산국을 완전히 멸망시킨다.

사람들은 누구나 자신이 옳다고 생각한다. 그 생각이 역사를 진보로 이끌어 가는지, 퇴보하게 하는지는 심각하게 고려하지 않는다. 관습이 옳다고 여기고, 현실이 전부라 생각하고, 자신의 판단이 확실하다고 믿는다. 대부분의 사람들은 변화를 원치 않는다. 설사 현실이 아프고 괴로워도 변화하려 하지 않는다. 변하기 전에 먼저 현실을 직시해야 하는데, 일단 그 직시가 괴롭기 때문이다.

안소니 드 멜로 신부의 말이 맞다. "우리는 진정 깨어나기를 원치 않는다. 우리가 원하는 것은 안도하는 것이다. 치유란 늘 고통스러운 것. 그것은 변화를 요구하기 때문이다. 결국 사람들은 진실로 성장하기를 원하지도, 달라지기를 원하지도 않는다."

바지 입는 법 하나를 바꾸는 데도 왕권이 동원되어야할 만큼, 인간이란 보수적이다. 그 보수적 속성은 동서고금이 다르지 않다. 인간은 말로는 변화와 개혁을 원하지만, 속으로는 그저 주어지는 것을 받아먹으려는 자세를 견지한다. 더 늦기 전에 안락의자에 누워있는 자아를 걸어차라. 역사는 스스로 발길질한 자들이 만들어 왔다.

강한 사람은
어떤 사람인가

수레를 몰아 골목길로 피한 인상여의 도량은 참으로 크다

웃옷을 벗고 죄를 청한 염파의 뜻 또한 웅장했도다

오늘날은 어떤가!

모두가 자기 세력을 위해서 날뛰니

그 어느 누가 나라를 위해 생각하는 자 있으리요. (김구용)

〈인상여〉

열국지의 인물 중 인상여 같이 담대한 사람도 드물다. 그는 조나라 환관의 보좌관이었다. 어느 날 이 환관이 귀한 옥을 구해 조 혜문왕에게 바쳤다. 그 옥은 화씨란 사람이 초나라 왕에게 바쳤다가 사라졌다는 최고의 보석으로 '화씨의 벽璧'(벽은 보석, 옥이란 뜻)이라고 불리었다. 조 혜문왕이 화씨의 벽을 갖고 있다는 소문이 나자 이웃의 강대국 진나라를 다스리던 소양왕이 이런 제의를 해 왔다.

"우리나라의 성 15개와 화씨 벽을 교환합시다."

약소국 조나라의 왕은 고민에 빠졌다. 화씨의 벽을 보내자니 소양

왕에게 속을 것 같았고, 안 보내자니 침략을 당할 것 같았다. 이때 인상여가 화씨의 벽을 들고 진나라로 가는 사신으로 뽑혔다. 조왕은 인상여에게 당부했다.

"진나라 성 15개의 지도와 화씨의 벽 중 하나는 반드시 갖고 돌아와야 하오."

지도를 바친다는 것은 땅을 양도한다는 뜻이다. 인상여는 진나라에 당도해 소양왕에게 화씨의 벽을 바쳤다. 소양왕은 옥을 보고 감탄하며 신하들과 후궁들을 불러 자랑할 뿐 인상여에게 성을 바치는 문제에 대해서는 한 마디도 하지 않았다. 인상여는 "사실 화씨의 벽에는 흠이 있는데 알려 드리겠습니다"라고 말한 뒤 옥을 다시 받아 기둥 옆에 서서 큰 소리로 외쳤다.

"사실 우리 조나라에서는 진나라 왕이 화씨의 벽만 받고 땅은 주지 않을 거라고 했습니다. 오직 신만이 나라와 나라 사이에 신의를 지켜야 한다고 말해 옥을 들고 온 것입니다. 지금 보니 진왕께선 신을 오만하게 대하고, 주위에 옥을 자랑할 뿐 열다섯 성에 대해서는 일언반구도 없습니다. 이에 신은 성의 지도를 주지 않으면 이 옥을 던져 깨뜨리고 신 역시 기둥에 머리를 박고 죽으려 합니다."

진나라 왕궁은 쥐 죽은 듯 조용해졌다. 인상여가 두 눈을 부릅뜨고 옥을 치켜 올리자 소양왕이 소리쳤다.

"알았소! 여기 지도를 줄 테니 그만 멈추시오."

소양왕은 지도를 신하에게 건네주며 눈짓을 했고, 신하들도 서로 눈짓을 주고받았다. 인상여는 소양왕이 땅을 전해줄 의사가 없다는 것을 직감하고 "목욕 재계하고 기다리면 닷새 후에 옥을 주겠다"며 객사로

서른 살 공맹노장이 답이다

돌아왔다. 인상여는 수행원을 시켜 화씨의 옥을 갖고 조나라로 돌아가게 하고 닷새 후 소양왕 앞에서 죽음을 각오하고 화씨의 벽을 이미 빼돌렸다고 말한다. 처음에는 분노하며 죽일 듯 하던 소양왕도 인상여의 당당한 태도에 감탄하여 그를 놓아준다.

이듬해 진왕은 조왕을 불러 화친을 청한다. 전국 시대에는 강국의 왕이 약국의 왕을 불러 힘의 우위를 확인하는 유치한 이벤트가 많았다. 예를 들어 약소국 왕에게 강국 왕의 수레를 끌게 한다든지, 강대국 왕이 사냥할 개를 돌보게 하는 것이다. 한 나라의 왕으로서 도저히 할 수 없는 일들이었지만 힘이 센 나라의 왕들은 이런 식으로 약소국 왕에게 수모를 주며 무언의 압박을 가했다. '까불면 쳐들어가서 너의 나라를 다 내 것으로 만들 수 있다'는 의미였다.

진나라와 조나라의 화친 회담장에서 소양왕은 혜문왕을 불러 거문고를 켜게 했다. 거문고를 연주하자 진왕은 껄껄 웃으며 사관에게 "조왕이 진왕을 위해 거문고를 연주했다고 쓰라"고 명했다. 조왕이 부끄러워 어쩔 줄 모르고 있자 인상여가 진왕에게 다가가 분부를 올리며 말했다. 분부는 두드리며 노래 장단을 맞출 때 쓰는 술잔이었다.

"진왕께서도 음악에 조예가 깊으시지요? 이 분부를 한 번 쳐 주시지요."

진왕이 노여워하며 "무례하도다"라고 하자 인상여는 가슴께에 손을 가져가며 말했다.

"대왕과 나의 거리는 두어 걸음밖에 안 됩니다. 분부를 두드리지 않으면 신의 가슴 속 칼이 대왕을 피로 물들일 것입니다."

놀란 진왕이 분부를 한 번 두드렸다. 인상여가 웃으며 사관에게 말했다.

"진왕이 조왕을 위해 분부를 두드렸다고 쓰시오."

이 일로 인해 진 소양왕은 조나라에도 인재가 있음을 깨달았다. 조왕을 협박해 땅을 빼앗으려 했던 소양왕은 인상여라는 인물이 버티는 한 조나라 공략은 쉽지 않을 것이라고 생각했다. 인상여는 회담의 공으로 재상이 되었다.

조나라에는 전쟁에서 큰 공을 세운 염파라는 노장군이 있었다. 인상여가 재상이 되자 염파는 자존심이 상했다.

"나는 전쟁터에 나가 목숨을 걸며 수차례 공을 세웠다. 인상여는 겨우 세치 혀를 놀렸을 뿐이다. 그런 자가 재상이 되어 나보다 높은 지위에 올랐다니. 내가 그를 만나기만 하면 가만 두지 않으리라."

인상여는 이 말을 듣고, 궁에서든 거리에서든 염파가 나타난다는 말만 들으면 꽁무니를 빼며 달아났다. 실망한 인상여의 부하들이 그의 곁을 떠나려 할 때 인상여가 물었다.

"진나라 왕과 염파 중에 누가 더 강한 사람이오?"

부하들이 진나라 왕이 더 강하다고 답하자 인상여가 말했다.

"나는 진나라 왕 앞에서 조금도 떨지 않고 두 번이나 모욕을 주었소. 그런 내가 염파를 두려워할 것 같소? 지금 진나라가 우리를 치지 못하는 까닭은 나와 염파 장군이 있기 때문이오. 내가 염파 장군을 피하는 이유는 우리 두 사람이 서로 적이 되지 않기 위해서이지 결코 그가 무서워서가 아니오."

이 말을 전해들은 염파는 자신의 잘못을 깨닫고 달려와 인상여에게 용서를 구한다. 두 사람은 목숨이 끊어져도 우정을 지키겠다는 맹세를

     서른 살 공맹노장이 답이다

했다. 이 때문에 문경지교刎頸之交란 말이 생겼다.

인상여의 일화는 지혜와 용기에 대해 생각하게 한다. 진정한 용기는 사물과 사람을 높은 곳에서 조망할 줄 아는 지혜가 함께할 때 빛을 발한다. 전쟁에 나가 무공을 세우는 것도 용기지만, 논리 있는 언어로 상대를 제압할 줄 아는 것도 용기다.

고전을 읽으면서 나는 가끔, 고전 속의 인물에 나를 이입하곤 한다. 진나라 궁전에 홀로 간 인상여는 과연 자신의 목숨이 경각에 달려 있던 순간 일말의 흔들림이 없었을까? 적으로 둘러싸인 진나라 왕궁에서 옥을 높이 쳐들고 당당하게 자신의 주장을 펼칠 때 두렵지 않았을까? 심장이 고동치고 혈압이 상승하고 맥박이 뛰었을 것이다. 인상여는 여차하면 목숨도 버릴 각오였지만 자신이 지금 극도의 두려움에 휩싸여 있다는 사실도 잘 알고 있었다. 그 직시가 용기의 요체다. 두려움 없는 사람이 용기 있는 것이 아니라, 그 두려움을 똑바로 볼 줄 아는 사람이 용기 있는 것이라는 사실을 인상여는 온 몸으로 우리에게 전해주고 있다.

'결함이 없이 완전하다'는 뜻의 완벽完璧은 온전할 완完자와 구슬 벽璧자로 구성되어 있다. 인상여가 화씨의 벽을 흠 없이 지켜 되가져왔다는 고사에서 완벽이란 말이 나왔다.

내 사람을
얻으려면

❀

아름다운 구슬로 새를 쏘느니보다는

진흙으로 만든 탄환으로 쏘아야 한다.

옥이 아무리 보배라고 하지만

굶주린 배를 채우려면 음식을 먹느니만 같지 못하다.

개 소리를 내어 능히 백호구를 가지고 왔으며

닭 소리를 내어 능히 함곡관 관문을 열게 했도다.

비록 성현이라 할지라도

그 두 선비처럼 짐승 소리는 내지 못했으리라.

그러므로 알라. 시냇물은 흘러서 바다가 되고

티끌은 모여서 큰 언덕을 이루는도다.

사람의 개성을 존중해야 사람을 쓸 줄 아는 것이니

사람들이여,

맹상군을 천하다고 하지 마라. (김구용)

〈맹상군〉

서른 살 공맹노장이 답이다

전국 시대 말기에 두각을 나타낸 인물들이 있다. 제나라의 맹상군, 조나라의 평원군, 초나라의 춘신군, 위나라의 신릉군이다. 이들을 전국 시대 네 사람의 훌륭한 군자라는 뜻에서 '전국사군戰國四君'이라 불렀다. 왕족 또는 재상이었던 이들은 넓은 영토와 재산을 지니고 수 천명의 빈객을 거느리며 영향력을 행사했다. 빈객이란, 영향력 있는 귀족 집에서 먹고 자면서 귀족에게 정치적, 군사적, 외교적 조언을 해 주는 사람을 말한다. 물론 이 중에는 그저 놀고먹는 사람도 많았다.

전국사군은 때로는 무장으로 때로는 외교관으로 활동했다. 자신의 조국을 위해 일하기도 했으나 복잡한 시대 사정에 따라 다른 나라에 가서 재상 노릇을 하기도 했다.

맹상군?~기원전 279은 제나라 사람으로 이름은 전문이다. 제 선왕의 동생인 전영의 아들로 태어났다. 전영은 본부인과 첩 사이에 40여 명의 아들이 있었다. 전문은 서자라서 제대로 아들 대접을 받지 못했다. 더구나 그는 5월 5일에 태어났다. 당시 중국 사람들은 "5라는 숫자가 흉하기 때문에 5월 5일에 태어난 아이는 부모를 해친다"는 속설을 믿었다.

전영은 맹상군의 어머니에게 아이를 갖다 버리라고 했다. 차마 아이를 버릴 수 없었던 어머니는 몰래 맹상군을 키웠다. 아들이 열다섯 살이 되자 어머니는 아버지에게 데려갔다. 전영은 버럭 화를 내며 말했다.

"내가 이 아이를 버리라고 했는데 감히 키운 까닭은 무엇이오?"

어머니가 안절부절못하자 잠자코 있던 맹상군이 물었다.

"감히 여쭙겠습니다. 아버님께서 5월 5일에 태어난 아이를 키우지 않겠다 하신 까닭은 무엇입니까?"

"5월에 태어난 아이는 키가 문설주 높이와 같아지면 장차 그 부모를 해치기 때문이다."

"사람에 운명은 하늘이 정해줍니까, 문설주가 정해줍니까?"

전영이 아무 말도 못하고 있자 맹상군이 말을 이었다.

"사람의 운명을 하늘이 정해준다면 아버님께서는 근심하실 이유가 무엇입니까? 하늘이 정해준 날 아버님이 돌아가실 테니까요. 또한 사람의 운명을 문설주가 정해준다면 문설주를 높이면 그만 아니겠습니까? 제가 아무리 커진다 한들 사람의 키보다 훨씬 높은 문설주에 어떻게 닿겠습니까?"

전영은 뒤통수를 맞은 듯 했다. 이때부터 그는 맹상군을 눈여겨보고 후에 자신의 봉토와 재산을 물려주어 대를 잇게 했다.

맹상군은 지위고하를 막론하고 재주를 가진 사람들을 초빙하길 좋아했다. 그의 문하에는 한 때 3000명의 빈객이 있었는데 맹상군은 도둑질 잘 하는 자와 동물 울음 흉내 잘 내는 자도 거느리고 있었다.

맹상군이 인재를 후하게 대하고 현명한 처신을 하여 이름을 날리자 진나라 소양왕은 그를 초빙했다. 맹상군이 진나라로 들어오자 진왕은 그를 승상으로 삼았다. 그러나 진나라 신하들은 이렇게 말했다.

"맹상군은 제나라를 위해 일하지 진을 위해 일하지 않을 것입니다. 그를 쓰지 않으려면 차라리 죽여 없애는 것이 상책입니다."

이 말을 듣고 진 소양왕은 옳다 여겨 맹상군을 가두고 말았다. 진 소양왕은 이때 후궁 총희를 사랑하고 있었다. 맹상군이 후궁에게 연줄을 대었더니 그녀는 "맹상군이 진나라에 올 때 가져왔던 호백구를 달라"고 했다. 호백구는 흰 여우 털로 만든 갓옷으로 맹상군이 이미 소양왕에게 헌납한 상태였다. 이때 도둑질 잘 하는 자가 왕의 보물 창고를 털어 호

 서른 살 공맹노장이 답이다

백구를 훔쳐왔다. 호백구를 받은 총희는 기뻐하며 소양왕을 설득했다.

"맹상군을 잡아 두는 것은 왕의 수치입니다."

잠자리에서 이 말을 들은 소양왕은 그녀 말대로 맹상군을 풀어주었다. 맹상군이 제나라를 향해 달아나기 시작했을 때, 소양왕은 이내 후회하고 군사를 풀어 맹상군을 다시 잡아오라 명했다.

맹상군 일행이 국경의 관문에 다다랐을 때, 진나라 군사들이 뒤쫓아 오고 있었다. 관문은 새벽에 첫 닭이 울어야 열렸다. 이제 겨우 자정이 지난 시각이어서 문은 굳게 닫혀 있었다. 이때 맹상군 식객 중에 동물 울음을 잘 흉내 내는 이가 닭 울음소리를 냈다. 진짜와 똑같은 그 소리를 듣고 근처의 닭들이 모두 연달아 울어댔다. 문지기는 그 소리를 듣고 국경의 문을 열었고 맹상군은 무사히 제나라로 탈출할 수 있었다.

'계명구도鷄鳴狗盜'라는 고사의 탄생 배경이 된 일화다. 맹상군은 선비와 무장뿐 아니라 좀도둑, 건달, 협객도 자신의 보좌관으로 삼았다. 그는 출신과 배경을 가리지 않고 인재를 등용했다. 왜? 자신이 부당한 이유 때문에 청년이 되기까지 떳떳하게 인정받지 못했기 때문이다.

'너는 첩의 자식이다.' '너는 아무리 능력이 있어도 성공할 수 없다.' '너는 5월 5일에 태어났으니 부모를 해칠 것이다.' '네 아빠는 너를 죽여 없애라고 했다.' 맹상군은 이런 말을 들으며 자랐다.

그는 이렇게 결심했을 것이다. '내가 어른이 되면 사람들을 만날 때, 그가 어디에서 태어났든 무슨 일을 하든 누구의 자식이든 절대 편견을 갖거나 무시하지 않으리라.' 맹상군의 이런 결심이 그를 전국시대를 풍미한 위인으로 거듭나게 했다. 그는 이미 청소년 시절에 아버지에게 선비를 모아 잘 대접하라고 건의했다. 부친 사후 그의 봉토를 물려

받고 나서는 뛰어난 리더십을 발휘해 제나라, 위나라 등에서 재상과 장수의 역할을 했다.

만약 맹상군이 자신의 처지를 비관만 하고 있었다면 경쟁자인 40명이나 되는 다른 형제들을 물리치고 후계자가 될 수도 없었을 거다. 제나라와 위나라를 오가며 재상의 역할을 수행하지 못했을 테고 역사의 한 페이지를 장식하는 인물도 되지 못했을 것이다.

당시 맹상군보다 더 돈이 많은 사람도 있었고, 맹상군보다 더 많은 군사를 거느린 사람도 많았다. 그들은 잊혀졌지만 맹상군의 덕과 일화는 두고두고 후대에 전해졌다. 배경이나 출신 때문에 고민하고 있는 사람이 있다면 맹상군의 입을 빌려 이렇게 묻고 싶다.

"사람에 운명은 하늘이 정해주는가? 문설주가 정해주는가?"

 맹상군과 더불어 전국사군으로 알려진 조나라 평원군에게도 식객이 많았다. 진나라가 조나라를 침공하자 조 혜문왕은 재상인 평원군에게 초나라에 가서 구원군을 청하라 이른다. 평원군은 빈객 중 수행원 20명을 뽑아 갈 생각이었다. 그런데 아무리 선택해도 19명밖에 되지 않았다. 이때 모수라는 자가 자신을 스스로 천거했다. 그는 3년이나 평원군 아래 있었지만 두각을 나타내지 못했다. 평원군이 말했다. "재능이 뛰어난 사람은 주머니囊 속의中之 송곳錐이 밖으로 삐져나오듯 남의 눈에 드러나는 법이오. 그대는 내 집에 온 지 오래 되었지만 한 일이 없지 않소?" 이 말에서 주머니 속의 송곳 즉, 낭중지추囊中之錐란 고사성어가 유래했다. 능력과 재주가 뛰어난 사람은 스스로 두각을 나타내게 된다는 뜻이다. 곡절 끝에 초나라에 간 모수는 평원군의 기대와 달리 큰 활약을 했다.

서른 살 공맹노장이 답이다

힘으로
모든 게 이뤄진다면

❋

"황제의 명을 제制라 하고 황제의 영을 조詔라 하라."

이렇게 진 시황은 단어 하나하나에까지 자신과 다른 사람들을 구별하는 제도를 만들어 나갔다.

'새璽'라는 말도 그중 하나였다. 그 전까지는 일반 사람들의 인장도 그냥 '새'라고 하였다. 그런데 진 시황은 조나라 병탄 때 빼앗은 '화씨의 벽'을 깎아 황제의 도장을 만들었다. 그러고는 그것을 '국새國璽' 혹은 '새'라고 부르며, 일반 사람들에게는 '새'라는 말을 사용하지 못하게 했다. 이때 진 시황이 옥새에 새긴 글자는 모두 여덟 자였다. 수명어천 기수영창受命於天 旣壽永昌. 하늘에서 명을 받았으니 영원히 번영하라는 뜻이었다. (유재주)

〈진 시황〉

진 시황은 한韓나라 정벌을 시작으로 통일 전쟁을 시작한 이래 9년 만인 기원전 221년 천하를 통일했다. 진나라의 강성함, 진나라 장수들의 활약, 거기에 진 시황이란 인물이 가진 광기와 야망은 순식간에 천하 통일을 이루어 냈다.

　진나라보다 더 영토가 넓은 초나라, 더 부유했던 제나라, 문화적으로 더 앞섰던 조나라 등이 어째서 이렇게 힘없이 무너져 내렸는가? 진나라는 단순히 군사력만으로 이들을 정복한 것이 아니었다. 진 시황은 군사를 보내기 전에 먼저 세작을 보내 그 나라의 형편을 살폈다. 또 각 나라의 관리들 중 진나라와 통할 수 있는 사람들에게 막대한 자금을 지원하며 친진파를 형성했다. 대표적인 경우가 초나라와 제나라였다.

　초나라는 진나라와 가깝게 지내자는 친진파와 경계해야 한다는 자주파가 서로 경쟁하고 싸우느라 날이 지샜다. 항연 같은 장수가 진나라의 첫 침략을 막아냈으나 안에서 대신들은 진나라에 줄을 대고 있었다. 이렇게 분열되어 있으니 나라가 제대로 운영될 리가 없었다. 나라가 망하려면 먼저 안에서 분란이 일어나고, 가정이 쇠하려면 먼저 부부끼리 싸우는 법이다.

　제나라는 더 가관이었다. 제나라의 재상 후승은 진나라로부터 여러 차례 황금과 뇌물을 받아 챙긴 터였다. 진나라가 제나라로 쳐들어갔을 때 그는 앞장서서 성문을 열고 진나라 군대를 맞아들였다. 진나라는 칼 한 번 쓰지 않고 제나라를 삼켰다. 조선에 이완용 같은 매국노가 있어 일본이 총 한 번 쏘지 않고 조선을 빼앗은 것과 너무 흡사하다.

　천하를 통일한 진 시황은 거칠 것이 없었다. 스스로를 황제라 부르게 하고, 자신은 시황제, 이후엔 2세 황제, 3세 황제라 부르게 했다. 도량형을 통일하고 전국을 하나의 정치체제로 다스렸다. 아방궁을 건설하고 만리장성을 축조하는 등 대규모 토목공사도 진행했다.

　천하를 통일한 그는 자신의 영토를 확인하기 위해 친히 순례를 했

서른 살 공맹노장이 답이다

다. 더 이상 전쟁도 없고 분열도 없다. 그는 절대자이고 최고의 위치에 오른 인간이었다.

진 시황은 '영원히 살고 싶다'는 엉뚱한 꿈을 꾼다. 그는 서복이란 사람에게 수만 금을 하사해 불로초를 구해오게 했다. 서복은 배를 타고 황해를 건넜으나 끝내 돌아오지 않았다. 역사 이래로 죽지 않은 인간은 없었다. 진 시황은 춘추전국의 혼란을 끝내고 천하를 통일한 지 겨우 11년 만에 죽고 만다. 그의 뒤를 이은 호해는 정사는 뒷전에 놓고 온갖 쾌락을 즐기다가 3년 만에 나라를 망하게 한다. 진 시황은 "영원토록 번영하라"는 옥새를 새길 때, 진 왕조의 이런 허무한 종말을 상상이나 했을까? 사람은 최고의 위치에 있을 때에도 미래 앞에 교만하지 않아야 한다.

인생은 일장춘몽이라더니 한 나라의 역사도 봄꿈과 다를 게 없다. 진 시황이 "정치란 백성이 원하는 것을 해 주는 것"이란 맹자의 가르침을 알았다면 분서갱유도 아방궁도 없었을지 모른다. 그의 야망은 우주적이었으나 사상은 빈약했다. 강력한 군사는 갖고 있었으나 백성의 마음은 얻지 못했다. 강제적 통치에는 능했지만, 진짜 정치가 뭔지는 몰랐다.

진나라를 망하게 한 사람은 한漢고조 유방이다. 그는 진나라 수도 함양을 정복했을 때, 진나라의 법률이 워낙 복잡하고 가혹한 것을 보고 '약법 삼장'이란 걸 발표했다.

"첫째, 살인자는 사형에 처한다. 둘째, 남을 상해한 자와 도둑질한 자는 벌을 내린다. 셋째, 나머지 법은 모두 철폐한다."

진 시황의 압제에 시달리던 백성들은 환호했다. 유방은 백성들이 뭘 원하는지 알고 있었기에 민심을 얻었다. 리더가 되려는 사람은 아랫사람의 마음을 얻어야 한다. 마음은 부드러운 근육과 따뜻한 피로 둘러 싸여 있는데 그것은 힘으로는 얻을 수 없다. 오로지 부드러운 생각과 따뜻한 말로써 얻을 수 있을 뿐이다.

 진 시황이 죽고 2세 황제 호해가 등극했으나, 호해는 향락에만 빠져 정사엔 무관심했다. 모든 정치적인 실무는 환관 조고가 맡았는데 천성이 간악한 조고는 자신을 반대하는 대신들은 모두 죽이거나 옥에 가두었다.

어느 날, 호해와 대신들이 모인 자리에서 조고는 사슴을 가리키며 "좋은 말 한 마리를 황제께 선사하겠다"고 말한다. 호해가 "저게 어떻게 말이오, 사슴이지"라고 하자 조고는 대신들을 노려보며 "이게 말 맞지 않느냐?"고 묻는다. 조고의 위세에 눌린 대신들은 모두 동의하고 만다. 조고가 '사슴鹿을 가리키며指 말馬이라고 한다爲'는 일화에서 지록위마指鹿爲馬란 성어가 나왔다. 윗사람을 농락하며 정사를 어지럽히는 행위를 빗댄 말이다.

서른 살 공맹노장이 답이다

논어

『논어』 김석환 역, 학영사 1995.

『논어 한글 역주』 김용옥 역, 통나무 2008.

『논어 강설』 이기동 역, 성균관대학교 출판부 2011

『논어집주』 주희, 박헌순 역, 한길사 2008.

『공자씨의 유쾌한 논어』 신정근 역, 사계절 2009.

『논어』 시모무라 고진, 고운기 역, 현암사 2003.

『공자 평전』 안핑친, 김기협 역, 돌베개 2010.

『공자 최후의 20년』 왕건문, 이재훈 · 은미영 역, 글항아리 2010.

『공자 속의 붓다, 붓다 속의 공자』 박민영, 들녘 2005.

『위단의 논어 심득』 위단, 에버리치 홀딩스 2007.

『나의 논어』 홍사중, 이다미디어 2004.

『공자가어』 이민수 옮김, 을유문화사 2003.

맹자

『맹자』 맹자, 박경환 역, 홍익출판사 2005.

『맹자 강설』 맹자, 이기동 역, 성균관대학교출판부 2010.

『맹자, 사람의 길』 김용옥, 통나무, 2012.

『손에 잡히는 맹자』 맹자, 대유학당 역, 대유학당 2009.

『시경』 유교문화 연구소, 성균관대학교출판부 2008.

『서경』 김학주 역, 명문당 2002.

『소설 맹자』최인호, 열림원 2012.
『맹자집주』성백효, 전통문화연구회 2005.
『맹자 진정한 보수주의자의 길』이혜경, 그린비 2008.

도덕경

『도덕경』노자, 오강남 역, 현암사 2010.
『노자의 목소리로 듣는 도덕경』노자, 최진석 역, 소나무 2001.
『손에 잡히는 도덕경』노자, 대유학당 역, 대유학당 2008.
『진리는 말하여 질 수 없다』차경남, 글라이더 2012.
『노자 강의』야오간밍, 손성하 역, 김영사 2010.
『노자 도덕경과 왕필의 주』김학목 역, 홍익출판사 2012.
『못난이 노자』송기원, 녹색평론 2011.
『느림으로 길따라 노자 도덕경』전영돈, 굽은 나무 2012.

장자

『장자』장자, 오강남 역, 현암사 1999.
『장자』장자, 김학주 역, 연암서가 2010.
『장자』장자, 김석환 역, 학영사 1999.
『느림과 비움의 미학』장석주, 푸르메 2010.
『장자』조수형 편, 풀빛 2005.
『장자, 차이를 횡단하는 즐거운 모험』강신주, 그린비 2007.
『보이는 것만이 인생의 전부는 아니다 : 장자를 만나는 기쁨』김태관, 홍
익출판사 2012.

서른 살 공맹노장이 답이다

사기 열전

『사기 열전』 김원중 역, 민음사 2007.

『사기세가』 김원중 역, 민음사, 2010.

『사기본기』 김원중 역, 민음사, 2010.

『사기 열전』 옌벤인문출판사 고전 번역팀 역, 서해문집, 2006.

『한권으로 읽는 사기 열전』 김도훈 역, 아이템북스 2007.

『사기 열전』 호승희 편역, 타임기획 2005.

열국지

『실록 열국지』 좌구명, 사마광, 사마천 외, 신동준 역, 살림 2006.

『동주 열국지』 풍몽룡, 김구용 역, 솔 2001.

『평설 열국지』 풍몽룡, 유재주, 김영사 2001.

『열국지 교양강의』 신동준, 돌베개 2011.

『고우영 열국지』 고우영, 자음과 모음 2005.

『열국지』 이언호 평역, 큰방 2012.

서른 살
공맹노장이
답이다
© 2013. 명로진

초판 1쇄 인쇄 2013년 4월 25일
초판 1쇄 발행 2013년 5월 1일

지은이   명로진
펴낸이   김태수

디자인   스튜디오 기글스
펴낸곳   엑스오북스
출판등록   2012년 1월 16일(제25100-2012-11호)
주소   서울 양천구 신정동 목동현대A 396-33번지
전화   02-2561-3400
팩스   02-2561-3401

ISBN 978-89-98266-04-2(13140)